同じお客様に
通い続けてもらう！

「10年顧客」の育て方

齋藤孝太

同文舘出版

はじめに

「割引セールをしているのに、最近あんまり効かないなあ」
「せっかく新しいお客様が来ても、固定客になってくれない」
「以前よく来てくれたお客様が来なくなることが多いなあ」

こんなこと、最近、増えていませんか？

本書では、その解決策として、「お客様を育てる」方法をお伝えしています。
「お客様を育てる＝お客様の育成」とは、「お客様にはじめて来店してもらって、徐々に関係を深めて固定客に育てて、ずっと通い続けてもらう」ことです。多くの業界が縮小時代に入る中で、その重要性は年々増しています。

「お客様の育成」をすでに進めていても、思ったほどに進まない……という現実に立ち止まっているお店も少なくありません。

これから「お客様の育成」に本格的に取り組むお店、すでに取り組んでいるけど今一つ進まないお店、両方のお店が目指すべきは、ただ「お客様を集めよう」とするのではなく、**「一度来店してくれたお客様に5年、10年とずっと通ってもらう」**ことです。それが、小さなお店が価格競争に巻き込まれず、大手チェーン店に対抗する唯一の道です。

では、お店の現場で、5年、10年と通ってくれるお客様を増やすには、どんなことが一番大事なのでしょうか。経営理念? 仕組みづくり? やる気? スタッフ教育?

いろいろな意見があると思いますが、17年間、10年通い続けるお客様を育てること専門で、化粧品店・バイクショップ・アパレルショップ・写真店・スポーツクラブなどのお店のコンサルティングをしてきた私の結論は、**「お客様に届けている活動の中身」**です。

お客様は、買い物をするとき、お店の経営理念や仕組みなどは気にしていません。お客様が気にするのは、「自分がお店からどんな対応を受けたか」だけです。

なにもお金と労力をかけたすごい活動でなくてもよいのです。日々の活動にちょっとした工夫を加えるだけで、お客様が喜んでくれる場面が増えて、10年顧客が育っていきます。

例えば、

・挨拶を「いらっしゃいませ」一辺倒ではなく、「こんにちは」を中心にする

・POPの内容を「商品説明をまとめたもの」ではなく、「人の顔が見えるもの」に変える

・DMの内容を「セール・プレゼント告知」の割合を減らして、「読んでいて楽しい内容」を増やす

などといった活動です。

もちろん、ただ工夫すればOKというわけではありません。「そのときだけお客様に満足してもらう」のではなく、**「お客様にずっと満足してもらう」**工夫であることが大切です。

この本では、「10年通ってくれるお客様＝10年顧客」を増やすために必要な工夫を、売場（2章）、接客（3章）、ツール（4章）、イベント（5章）で紹介します。そして、そんな活動をスタッフと一緒に進める方法について6章で紹介します。

まずは1章で、どうして10年通い続けてもらうことを目指すのか、お話ししていきます。

この本を読んで、あなたのお店にずっと通い続けてくれる10年顧客を増やして、売上をアップしましょう！

目次

同じお客様に通い続けてもらう！
「10年顧客」の育て方

2章

お客様と心の距離が近くなる「売場」

3章

お客様が本音で話してくれる「接客」

4章

お店の想いを伝える「ツール」

5章 お客様にトコトン楽しんでもらう「イベント」

6章

10年顧客を育てる「チーム」

装幀　ムーブ（新田由起子）
本文デザイン・ＤＴＰ　ムーブ
出版協力　インプルーブ（小山睦男）

1章

「10年顧客」を育てよう！

01

10年顧客とは？

10年間通ってくれるお客様を育てれば、売上が安定する。毎日の商売に集中できる！

10年顧客とは文字通り、10年間、お店に通い続けてくれるお客様ですが、具体的にはどんなお客様なのでしょうか？

- 10年間、お店に通うことが習慣になったお客様
- 10年間、お店が日常に欠かせなくなったお客様
- 10年間、お店のことを信頼してくれているお客様
- 10年間、お店のことがずっと大好きなお客様

今、そんな10年顧客が何人いますか？　5人？　10人？　それとも30人でしょうか。
これから10年顧客をどのくらい育てていくことができるのかは、あなたのお店にとって本当に大事なことです。**お店の売上は、ずっと通ってくれるお客様が何人いるかで決まる**からです。

10年顧客が育っていくお店は、売上が安定します。ガタッと落ちることがありません。離脱するお客様が少なく、新しく育っていくお客様のほうが多くなるので、お客様の数が年々増え、「ご無沙汰」のお客様が減っていくからです。

お客様の数が増えれば、**未来の売上・利益が安定します。**売上目標が「願望」ではなく、客観的な「予測」になります。

これは、毎日お店の商売をしていくうえで、とても大事なことです。「これからの売上、大丈夫かな……」という不安が減る分、落ち着いて毎日の商売に集中できるようになるからです。日々の活動の一工夫も増えるので、10年顧客が安定的に増えていきます。

一方、10年顧客が育たないお店は、売上がガタッと落ちることがあります。お客様の数が安定していないからです。前年同月比で80％、70％になることもあります。それを取り戻すには、120％、130％の売上を上げる必要が出てきます。それを実現するには、大幅なディスカウント、お得なプレゼント、ちょっと強引なクロージングなど、お店に無理がかかってしまいます。

大幅なディスカウントは利益の低下をもたらすだけではなく、その後、定価で販売することが難しくなります。お得なプレゼントはコストがかかって毎回できません。ちょっと強引なクロージングは次回来店の妨げになり、売上ダウンにつながっていきます。

売上に追われると、毎日の商売に落ち着いて取り組むことができません。活動の一工夫が増えないのはもちろんのこと、減っていくことすらあります。結果としてお客様の数が減っていき、売上が下がってしまいます。

そんな負のスパイラルから脱するのが、「10年顧客の育成」なのです。

リピーター・ファンづくりよりも成果が出やすい！

似たような考え方に、「リピーター・ファンの育成」があります。「10年顧客の育成」とどう違うのでしょうか？

冒頭で、10年顧客とは「10年間、お店のことを信頼してくれているお客様」「10年間、お店のことがずっと大好きなお客様」などと紹介しましたが、ここから〝10年間〟をとってしまえば、リピーター・ファンと変わりないかもしれません。

10年顧客とリピーター・ファンの大きな違いは、この〝10年間〟という時間を明らかにしているかいないかです。この違いはとても大きいことです。**時間を明らかにしないと、お店の中で「育てたいお客様のイメージ」のズレが生じてしまいます。**

例えば、店長はお客様に5年くらい通ってほしい、スタッフAさんは半年くらい通ってほしい、スタッフBさんは1年くらい通ってほしいと考えているかもしれません。ゴールが違うので、お店として活動の一工夫が進みにくくなってしまうのです。

リピーターやファンをつくろうとしてもなかなかうまくいかないのは、お店の中でゴールが明確でないからです。

「10年顧客の育成」は、10年間というゴールを設けることで、育てたいお客様のイメージが明らかとなり、お店として活動の一工夫が進んでいきます。だから、「リピーター・ファンの育成」ではなく、「10年顧客の育成」と掲げることが大事なのです。

02

どうして10年なのか？

お客様の年齢や趣味嗜好、生活環境は変化していくもの。ずっと同じではない。

すでに述べた通り、この本では「10年」を一つの区切りとして大事にしているのですが、どうして1年でも3年でもなく10年なんだろう？　と疑問を持った方も多いでしょう。それには、大きく3つの理由があります。

1つ目は、**お客様のライフステージの変化**です。人は20年経つとライフステージが変わっている場合がほとんどです。子どもを持つ女性の場合、30歳（子ども3歳・幼稚園前）と50歳（子ども23歳・社会人）とでは、子どもにかかる時間が大きく変わります。男性の場合、35歳と55歳では仕事の役割、年収も変わる場合が多いです。

お店がいくら努力しても、お客様のライフステージが大きく変わるので、20年通い続けてもらうことは難しい現実があります。10年であれば、ライフステージに変化はありつつも、お店の努力でお客様に通い続けてもらえる可能性があります。

ライフステージの変化に伴う引っ越しも、お店離れの要因です。国立社会保障・人口問題研究所の調査によると、一生涯のうちで引っ越しをする回数は、男性が4・5回、女性が4回とのこと。ということは、20年に1度は引っ越しをすることになります。その20年のうち、10年お店に通ってもらうことは可能ではないでしょうか。

2つ目の理由は、**お店の「現場感覚」**です。

10年顧客と似た言葉に「生涯顧客」がありますが、一部の高単価商品（自動車・ジュエリー・バイク・高級時計・高級ホテル・高級ブランドなど）を扱っているお店を除くと、経験上、お店の現場の皆さんが現実味を感じにくいと言えます。

例えば、20代中心のブランドを扱っているアパレルショップでは、「生涯通ってくれるお客様」はイメージできません。しかし、10年であれば実現性があります。

3つ目は、**「大手チェーン店の対抗策」**です。

大手チェーン店と比べて規模が小さいお店は、価格やお店の規模、広告・宣伝費用などでどうしても劣ってしまいます。売上アップのためには、大手チェーン店と同じことをしていては、勝つことはできないのです。

そこで、10年という大手チェーン店では設定しない長い時間を一区切りとしたお客様の育成を進めることをおすすめしています。10年顧客の育成により、大手チェーン店との差別化に成功し、実績がアップしたお店をコンサルティングの現場で目のあたりにしてきました。3年間で顧客数が50％増えたお店もありました。7年後に売上が倍増したお店もありました。

小さいお店は、同じお客様にずっとお店に通ってもらうことが得意です。小さなお店には、10年以上通っている馴染みのお客様が必ずいます。そんなお客様を増やしていくことが唯一、小さなお店がこれから成長していく鍵になります。

「これから、お店を続けることができるのか？」

「毎日マジメにやっているけど、この先、本当に大丈夫なのか？」

そんな不安を持っているお店も多いでしょう。それを解消するためには、小さいお店だからできること・得意なこと、大手チェーン店が継続できないこと・苦手なことに取り組む必要があります。

「10年顧客の育成」は、その一つの答えなのです。

03

どうやって10年顧客に育てるのか？

10年顧客を育てるには、10年間通ってもらうことをいつも意識して活動しよう。

今、あなたのお店に通ってくれているお客様も、はじめての来店で「このお店にずっと通おう」と思ったわけではありません。はじめは「感じのいいお店だな」くらいだったでしょう。それが……

「今通っているお店よりもいいかな」

↓

「たくさんのお客様の中でも、私のことを気遣ってくれる」

↓

「これからずっとこのお店に通いたいなあ」

↓

「こんなに私のことを大切にしてくれるお店は他にない」

と時を経て、お店の位置づけがお客様の心の中で上がっていくのでしょう。お店から見ると、「お客様が階段を上がってくれた＝育ってくれた」のです。

そんな風にお客様に育ってもらうには、どんなことが大切なのでしょうか？

それは、**「10年間通ってもらうために、どんな活動を届ける必要があるのか？」を丁寧に考えて、活動の一工夫を増やしていく**ことです。

例えば、アパレルショップであれば、「10年間通ってもらうには、丁寧な商品説明だけでは難しいかも……。自分もお客様の気持ちになって、そのお客様ならではのコーディネートを丁寧に提案しよう。DMもただ送るだけではなくて、そのお客様の前回の来店を思い出してコメントを入れてみよう」。

街の家電店であれば、「メーカーから提供されたPOPをそのまま貼っていても、他のお店の売場と同じになってしまい10年間通ってくれないのでは。お店のスタッフが実際に触れた感想、使ってみた感想、他メーカー商品との違いを語ったPOPをつけてみよう」。

美容室であれば、「明日は今年1年の髪型についてお客様と相談しよう。そのためにこれまでの髪型をカルテで確認して、お客様に合った髪型をシーズンごとに提案しよう。その時々でお客様から希望を聞いて髪を切るだけでは、なかなか10年間通ってくれない」。

家具店であれば、「10年通ってもらうには、スタッフに家具の専門知識があることを知ってもらうことが大事では。お店のフェイスブックで家具の豆知識を紹介しよう」。

レストランであれば、「お客様の好きなメニュー、好みの味を覚えて、来店のたびに季節のメニューを提案することで、10年間通ってもらえるのでは。明日は○○さんが来る。どんな提案ができるか事前に考えておこう」。

このように、「10年」という時間を基準に活動を考えていくことが、お客様を育てる活動の一工夫につながっていきます。

2章からは、10年通ってもらうための活動の一工夫を「売場」「接客」「ツール」「イベント」に分けて、たくさん紹介します。ぜひ、「お客様に10年通ってもらうために、自分のお店でどんな活動の一工夫が必要なのか？」を考えながら、自店にあった活動を選んで実践してみてください。

CHECK！❶ 10年顧客

- リピーターやファンではなく、「10年顧客」の育成を目指す。
- 10年顧客が増えれば、売上は安定する。
- お客様は日々変化していくもの。10年を一区切りにしてお客様を育てよう。
- 10年顧客の育成は、大手チェーンとの対抗策にもなる。
- 「お客様に10年通ってもらう」ことをいつも意識する。

2章

お客様と心の距離が近くなる「売場」

01

お店前の演出

お店前の演出で、お店の中のことを知ってもらう、お店の今を知ってもらう、他店との違いを知ってもらう。

10年通ってもらうといっても、はじめての来店がなければ、何もはじまりません。皆さんのお店でも、チラシ・イベント・ホームページ・SNSなどで集客していると思いますが、はじめての来店を促すうえで一番大事なのは、**お店前の演出**です。

普段、お店の前を歩いている人、車で通過している人は、通勤、通学といった生活のリズムの中にお店が存在しています。一度来店してくれたら、ずっと通ってくれる可能性が高いお客様です。お店前の演出ですぐに来店してくれなくても、興味を持って、ホームページにアクセスしてくれることもあるでしょう。

特に、小さなお店は全国チェーン店と違ってお店のことを知られていないので、どんなお店なのか、お店前の演出で深く知ってもらうことが大事です。

マクドナルドやTSUTAYAは看板を見ただけで、どんなお店で、どんな商品があって、どんな接客対応なのか、わかりますよね。小さなお店はそうではありません。お店前の演出でどんなお店で、どんな商品があって、どんな接客対応なのか、できるだけ伝えることが大事です。

その手段として、「外観」「看板」「ショーウインドウ」「メッセージボード」などがあります。

お店前の演出のポイント

お店前の演出には、大事なポイントが3つあります。

それは、**①他店との違いを知ってもらう**、**②お店の中のことを知ってもらう**、**③お店の「今」を知ってもらう**ことです。自分のお店がどこまでできているのか、確かめてみましょう。

①他店との違いを知って、来店する理由を理解してもらう

当然のことですが、来店がないお客様は他のお店で購入しています。自分のお店がパン屋さんであれば、他のパン屋さんで買っているでしょう。アパレルショップであれば、他のアパレルショップで洋服を買っています。ネットショップで購入している場合もあるでしょう。

逆に言えば、今通っているお店と比べて、皆さんのお店のほうが「いいなあ」と思ったら来店してくれます。お客様はいつも、今利用しているお店が自分にとって一番いいのか、揺れる気持ちを持っているからです。自分のお店が、他の同業のお店と比べてどんな特徴があるのか、素直に伝えてみましょう。

このように店長・スタッフさんに提案すると、「他のお店のことを悪く言うのは、どうか」というお話をいただくことがありますが、決して悪口ではありません。お客様が選びやすいように比較の情報をお届けしているだけです。

特に高いサービスをお届けしているお店は、お客様に比較情報を届ける責任があると思います。お客様は比較することもなく、単に価格が安いほうを選んでしまって、後悔することがあるからです。

②お店の中のことを知って安心してもらう

お店の前をいつも通る人は、お店の存在は知っていても、中に入るとどんな商品が置いてあるのか、どんなスタッフの人が接客してくれるのかわからないので、来店するには勇気がいるものです。

特に専門店は、気になっても来店するハードルが高くなります。お店の中のことを積極的に知らせて、お客様に安心してもらいましょう。

1000円カットで有名なQBハウスのお店前には、店内の設備や、来店からカット、退店までの流れの説明書きがあり、現在の空き状況がランプで示されていました。お店の中のことを丁寧に伝える工夫をしています。

③お店の「今」を知ってもらう

今、一番おすすめしたい新商品を使ったVMD（視覚的な演出効果）、最新のイベント情報・セール情報、最近お店であったことなど、お店の「今」を感じることを伝えましょう。「今」を感じる演出がないと、お客様は今日来店する理由・必然性を感じることができないからです。

もう一つ、お店の「今」を伝える理由があります。人はがんばっているお店に来店したいと思うものです。いつも同じようなお店構えの演出では、「このお店、あんまり努力していないのかな」と感じてしまい、来店に至らないことがあります。更新されていないホームページに不安を感じるのと同じです。

お店前の演出を改善した地元の写真屋さん

ここで、実際の成功例をご紹介しましょう。富士フイルムイメージングシステムズさんプロデュースで、埼玉県北浦和駅のすぐそばにお店を構える、さくら屋カメラ店さんと一緒に取り組ませてもらった事例です。

①コンビニエンスストアとの違いを知ってもらう

デジカメが普及する前は、写真はフィルムを現像してプリントする必要がありました。しかし、今は違います。コンビニでもスーパーでも、プリントができます。

そこで、他店（主にコンビニ）との「プリント品質の違い」を明らかに伝えることにしました。改善前、お店の前で伝えていたのは「プリントができること」でした。お客様か

①他店との違いを知ってもらう

改善前

「デジカメプリント」だけでは、他店との違いがわからない

改善後

自店ならではの特徴を伝えているのぼり

②店内の商品・サービスを知ってもらう

改善前

店内の商品について何もわからない

改善後

入店するメリットがわかる看板

ら見ると、さくら屋カメラ店でプリントしなくてはならない理由が、よくわからなかったのです。

②店内の商品・サービスを知ってもらう

お店の前に置いてあるプリント受付機（お店の外で注文・プリントを受け取れる機械）で、写真をプリントしてくれても、常連さんを除いて、あまり店内に入ってくれない状況がありました。

そこで、ボードを設置して店内で頼めるフォトブックという商品をすすめたり、おしゃれなアルバムや、かわいいマスキングテープがあること、お店の中にある機械のほうがもっとキレイにプリントができることなどを伝えた結果、店内に安心して入ってくれるお客様が増えました。

③ニュースレターでお店の「今」を知ってもらう

さらにニュースレターを使って、今どんなことに力を入れているのか、最近の人気サービス、今おすすめの商品情報をお届けしてもらいました。ニュースレターはメッセージ看板にも設置して、お客様が自由にとることができるようにしました。

さくら屋カメラ店では、こうした改善をした結果、新規のお客様の来店が約2倍近く増えたそうです。

皆さんのお店でも、お店の前を構成する、外観・看板・メッセージボード・ショーウインドウを使って、①他店との違い、②お店の中のこと、③お店の「今」を知ってもらいましょう。

02

レイアウト（ゾーニング）

「レイアウト、ずっと変えていない」なんてこと、ないですか？定期的なレイアウト変更で、新鮮に感じてもらおう。

突然ですが、お店のレイアウト（ゾーニング）、最後に変えたのはいつですか？

私が訪ねたお店の中には、ここ5年変えた記憶がない、オープンしてから一度も変えていないなんてお店もありました。

お部屋の模様替えをすると、同じお部屋でもイメージが変わって、新鮮な気持ちになりますね。お店もそれと同じことが言えます。

お客様にずっと通っていただくために、半年〜1年に一度は小幅な模様替え、3年に一度は大幅な模様替えをしましょう。次項でお伝えする、毎月1回のプレゼンテーションスペースの変更だけでは、どうしても飽きがきてしまうからです。

お店のレイアウトを一から考える

ここで皆さんに一つお願いがあります。これから紹介する3ステップで、皆さんのお店のレイアウトを一から考えてみてほしいのです。「あらためて一から考えたレイアウト」が、「今のレイアウト」とどう違うのかを比べることで、今までにない新しいレイアウトが見つかるかもしれません。

STEP1　今ある商品を「お客様の買い方」で分けてみる

お店にある商品には、さまざまな分け方がありますよね。

例えば、ワインは赤・白・ロゼ・スパークリングという「商品特性」や、「産地・原産国」「価格」などで分けられます。スーツは「ブランド」「生地」「テイスト（シルエット）」という分け方、自動車は「メーカー」「排気量」「走行場面」などで分けられます。化粧品なら「ブランド」「品目別（化粧水、洗顔、美容液等）」に、靴なら「メーカー別」「サイズ別」などに分けられます。

皆さんのお店に置いてある商品は、どのような分け方ができますか？　バリエーション

お客様の「買い方」で分けてみよう

ワイン

- **商品特性**で分ける
  - 白ワイン
  - 赤ワイン
  - ロゼ
  - スパークリング
- **産地・原産国**で分ける
  - 国産
  - ボルドー
  - ブルゴーニュ
  - イタリア
  - チリ
  - スペイン
  - オーストラリア
- **価格**で分ける
  - ～1000円
  - ～3000円
  - ～5000円
  - 5000円以上

を3つくらい考えてみましょう。

その中から、お客様にとって優先順位が高かったり、選びやすい分け方を一つ考えてみてください。今の売場の商品の分け方と同じでしたか？　もし、違っていたら、お店のレイアウトを大きく変える必要がありますね。

STEP2 分けたグループをお店のスペースに配置する

まず、手元にある真っ白の紙に、お店の平面図を書いてみましょう。そして、ステップ1で分けた商品のグループを、お店の平面図に入れてみてください。

そのときに大事なのが、どのくらいのスペースをとるかということ。各グループの売上構成比を基本に決めるとよいでしょう。

売上構成比が高いグループは、広いスペースをとります。売上構成比が低いグループは、狭いスペースになります。例えば、ある商品グループの売上構成比が30％だったら、30％のスペースをとることが基本になります。これは意外と見過ごされがちなことです。売上構成比が低いグループなのに、オープンしたときからの流れで、大きいスペースをとっていることがあるからです。

売上構成比と売場スペース

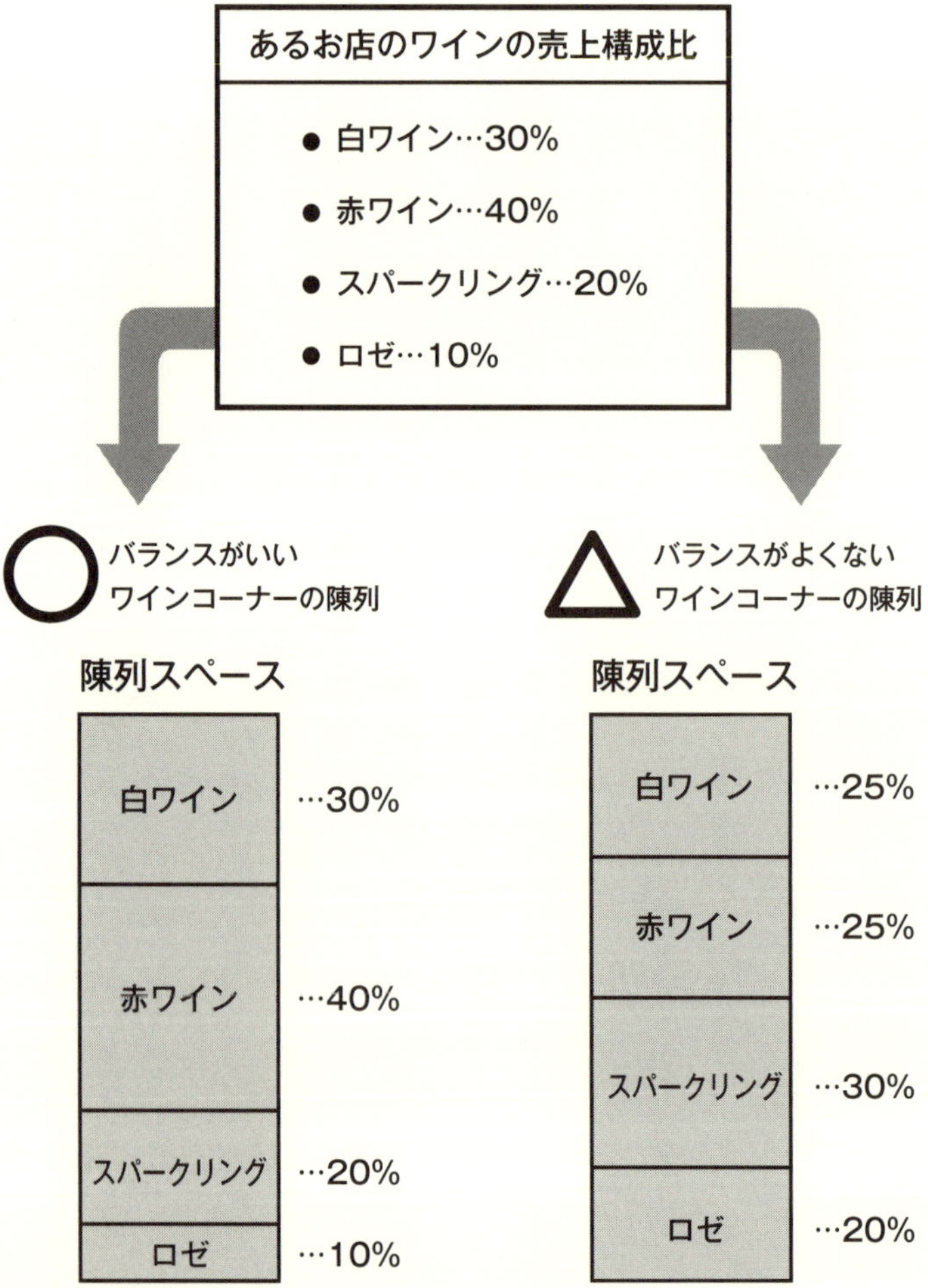
あるお店のワインの売上構成比
● 白ワイン…30%
● 赤ワイン…40%
● スパークリング…20%
● ロゼ…10%
バランスがいい
ワインコーナーの陳列
陳列スペース
白ワイン …30%
赤ワイン …40%
スパークリング …20%
ロゼ …10%
バランスがよくない
ワインコーナーの陳列
陳列スペース
白ワイン …25%
赤ワイン …25%
スパークリング …30%
ロゼ …20%

一方で、小さいお店には、経済効率性だけでは図れない部分があることも魅力ですよね。売上構成比は、過去のことです。その情報をベースにしながらも、お店が今、本当に押していきたい商品グループがあれば、あえて大きなスペースをとるのも手です。

STEP3 お客様の居心地がいい空間づくりを考える

大体のスペースが決まったら、次はお客様が通りやすい、商品を選びやすい動線・通路を考えます。10年間ずっとお店に来てもらうことを目指すお店では、できる限りゆったりとしたレイアウトがおすすめです。お客様がリラックスできるからです。

通路の幅を広め（1・5ｍくらい）にとれるとよいですね。お客様が休憩できるテーブルスペースを設けるなど、商品を置かないスペースも広めにとりましょう。

お店のレイアウト変更には、大きな資金は必要ありません。模様替えは、**お金がかからないお店のリニューアル**なのです。

03

プレゼンテーション売場

おざなりになりがち！　プレゼンテーション売場を年間12回、きちんと計画を立てて変えていく。

売場は大きく分けて「**定番売場**」と「**プレゼンテーション売場**」があります。

定番売場は、商品を通常通りに陳列する売場です。プレゼンテーション売場はグッズ・テーブルなどを使って商品を魅力的に演出する売場です。外から見えるショーウインドウ、入ってすぐのスペース、陳列棚のエンドのスペースなどがそれにあたります。

プレゼンテーション売場は、お客様が目を留めるスペースなので、とても大事です。実は、このスペースの展開がいつも同じだと、お客様から見てお店が変わっていないことになってしまいます。

3つのプレゼンテーション売場

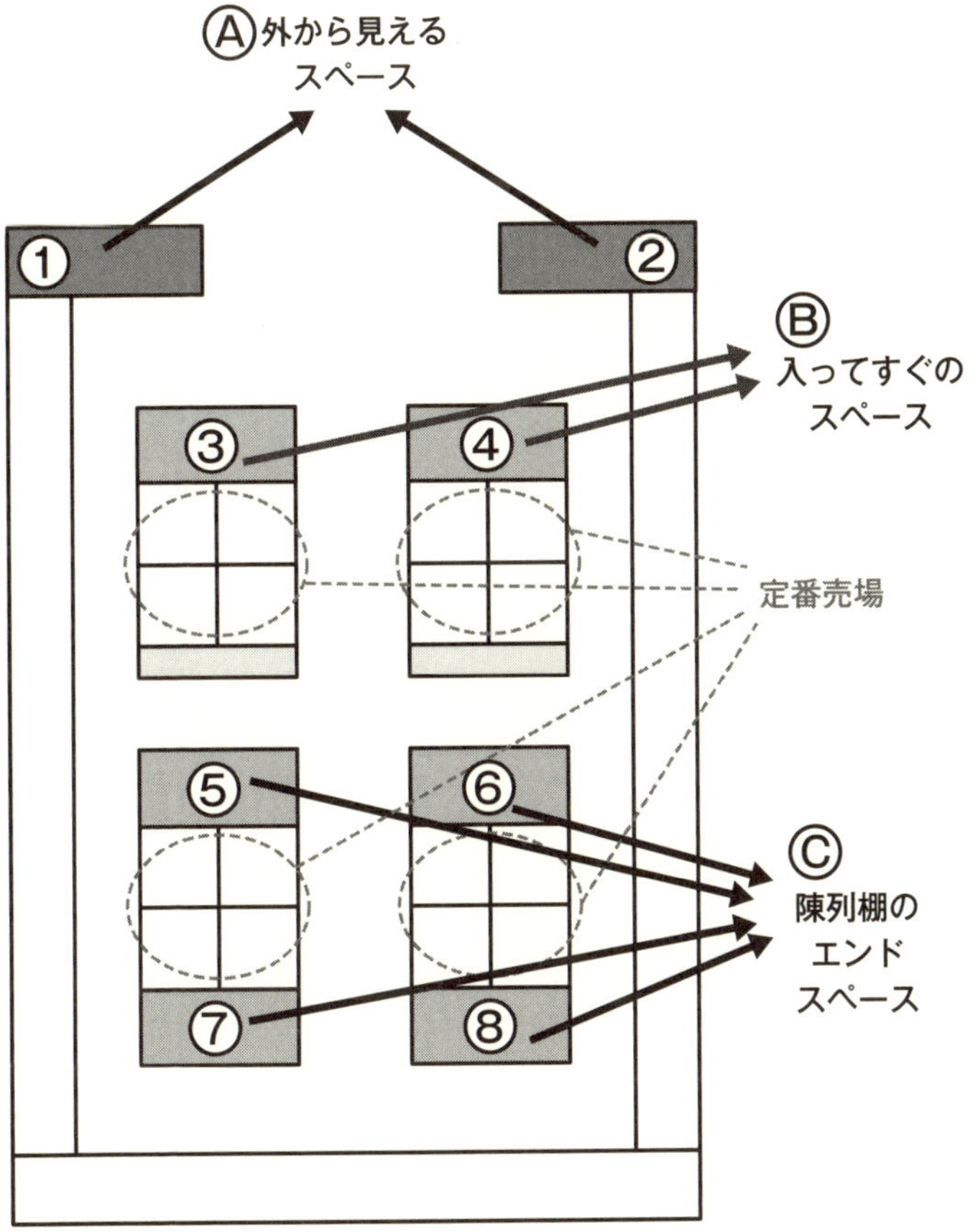

もったいないことに、このプレゼンテーション売場の重要性に気がついていないお店が少なくないのです。あなたのお店は、大丈夫ですか？

大手チェーンのプレゼンテーション売場との違い

なぜ、地元の小さいお店と比べて、全国展開している大手チェーン店のほうが来店が多いかというと、店舗が大きい、名前を知っているので安心感があるというのはもちろんですが、**プレゼンテーション売場を、年間計画をきちんと立てて変えている**点が大きいと思います。

10年顧客を増やしていくためには、小さなお店でもプレゼンテーション売場の年間計画を立てることは必要です。

STEP1 プレゼンテーション売場を数える

まずは、自分のお店のプレゼンテーション売場を把握します。小さいお店でも、5カ所くらいはあるでしょう。5カ所なければ、定番売場を削ってスペースをつくりましょう。

STEP2　プレゼンテーション売場を変える頻度を決める

週に2～3回と来店頻度が多いスーパーマーケット、さらにドラッグストアでは、年間365日を52週、52回に分けて計画をしています。小さい専門店では、毎月1回の来店を想定して、年間12回に分けて計画を立てましょう。

STEP3　プレゼンテーション売場の計画表を作成する

プレゼンテーション売場の計画は、売場ごとにテーマ、中心商品を考えて立てます。

特に重要なのがテーマです。テーマがお客様に伝わらないと、お客様がプレゼンテーション売場を見ても、新しさを感じないからです。

テーマの切り口は大きく、①季節・天候、②催事・記念日、③ライフスタイル・TPO、④ブランド・新商品、⑤キャンペーン・プロモーションがあります。

STEP4　プレゼンテーション売場をつくる

時期が来たら、実際にプレゼンテーション売場をつくります。

ここでは、使うアイテムと造形が大事です。アイテムは商品、グッズ（小物・敷物など）、

	Ⓒ陳列棚のエンドスペース			
	中通路右側⑤	中通路左側⑥	店奥右側⑦	店奥左側⑧
	健康	車の運転も大丈夫	女性向けの日本酒	地域限定のお菓子
	赤ワイン	ノンアルコールビール	果実入りの日本酒	各地のスナック菓子
	ポリフェノールの効能表	自動車のオブジェ	果実のオブジェ	日本地図

酒店の春（3・4・5月）のプレゼンテーション売場計画表例

月	場所	Ⓐ外から見えるスペース		Ⓑ入ってすぐのスペース		
		右側①	左側②	右側③	左側④	
3月	テーマ	お花見	お花見	ビールの お供	メーカー キャンペーン	
	商品	ビール	サワー	乾きもの	キャンペーン 対象品	
	演出物	桜の飾り	お花見の イラスト	地元の お花見MAP	キャンペーン ツール	
4月	テーマ					
	商品					
	演出物					
5月	テーマ					
	商品					
	演出物					

プレゼンテーション売場5つの切り口

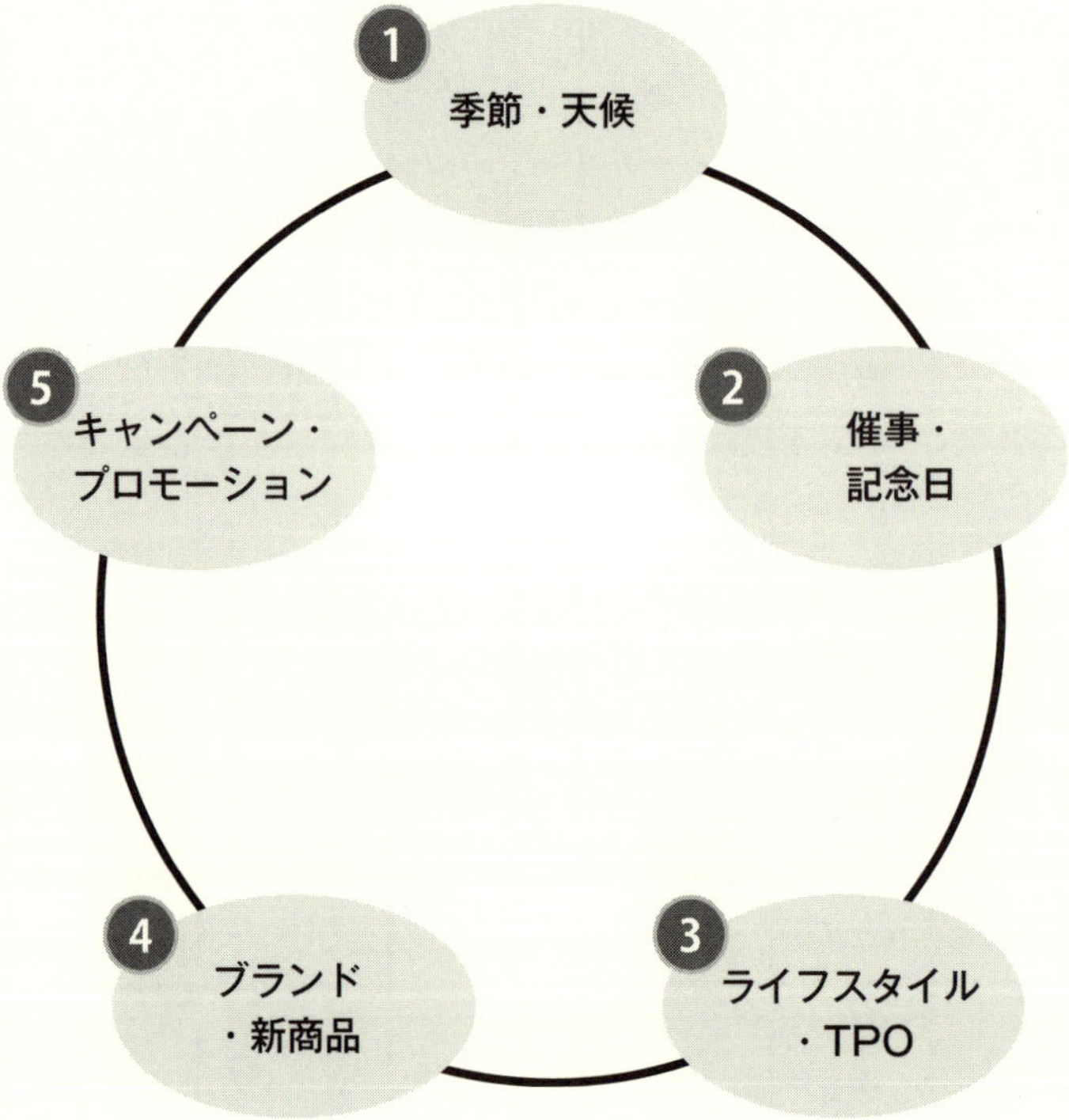

メッセージＰＯＰなどを使います。

メッセージＰＯＰは、お客様にずっと通い続けてもらうために、ぜひ使ってほしいアイテムです。文字情報をお客様にしっかり伝えることで、お店の意図を正確に伝えることができます。

小さいお店は、エリアに住む限られた住民の中で、一定割合以上の人達を10年顧客に育てる必要があります。プレゼンテーション売場がイメージだけだと、お客様の理解が一定割合で留まってしまうことがあるので、注意しなければなりません。

04

POP
ネットにある情報と同じ内容では弱い。顔が見えるPOPで、お客様と心の距離を近づける。

私が大好きな地元のスーパーマーケットがあります。家から歩いて行ける距離ではないのですが、プライベート半分、仕事半分で、時々電車で買い物に行っています。

家の近くに他のスーパーマーケットがあるのに、どうしてそこまで足を伸ばすのかというと、売場、特にPOPが楽しいからです。

いろいろなPOPがある中で、特に私が好きなのは、POPを書いたスタッフの顔写真と、実感のこもった文章が綴られているPOPです。例えば、バイヤーがどうしてこの商品を仕入れたのか、主婦のパートさんがこの野菜をどのように調理するのかなどが説明されています。

POPだって10年顧客の育成に役立ちます！

お客様に10年通ってもらうには、扱っている商品とお客様の関わりだけではなく、お店のスタッフとお客様との関わりを深めていくことが大事です。主な手段としては次章の接客が中心になりますが、それをPOPで後押しすることができます。

それが、**顔が見えるPOP**です。このPOPはお客様が読んでくれる可能性が高く、接客につながりやすいのです。

全国展開しているお店では、ブランドの統一性を維持する視点から、人が前面に出ることに消極的な傾向があります。小さなお店ではそのようなハードルがないので、ぜひ取り組んでいただきたいと思います。

最近は、家具小売チェーンIKEAの家具デザイナーを紹介したPOP、アパレルチェーンBEAMSのスタッフおすすめポスターなど、全国展開しているお店でも一部取り組んでいるところが出てきています。小さなお店も負けていられませんね。

顔が見えるPOP3つのパターン

顔が見えるPOPには、大きく「お店スタッフ」「お客様」「生産・製造者」の3つのパターンがあります。

・お店スタッフの顔が見えるPOP

店長・スタッフが主語になったPOPです。内容は「スタッフ自身が使ってみた感想」「商品を仕入れた理由」などがあります。ぜひ、顔写真・イラストを入れましょう。

・お客様の顔が見えるPOP

お客様が主語になったPOPです。内容は「お客様が商品を買った理由」「お客様が最初に商品を使った（食べた）感想」「商品を使ったお客様に訪れたエピソード」などがあります。多くのお客様が買っている定番商品からスタートするといいでしょう。一定の売場スペースがあるので、POPもつけやすいですね。

・生産・製造者の顔が見えるＰＯＰ

商品の開発者・デザイナー、原料の生産者、工場の責任者が主語になったＰＯＰです。内容は「開発者・デザイナーのこだわり」「生産者のご苦労」「製造工程に関わった人の想い」などがあります。インターネットを通じて、つくり手との距離が近くなっている今、お店がつくり手の情報発信源になることも大切な役割でしょう。

小さなお店では、今あるＰＯＰをできる限り顔の見えるＰＯＰにして展開していきましょう。

ＰＯＰの数が多いお店、少ないお店があると思いますが、ＰＯＰが１００枚貼ってあるお店でも、１日１枚書いていけば、３カ月ちょっとで全面的に入れ替えることができます。３人スタッフがいた場合、大体１カ月で入れ替わることになります。

①お店スタッフの顔が見えるスタッフPOP

バイヤーの真田です。

ほっぺた落ちる！

水ようかん

仕入れました！

バイヤーの真田です。
おいしい水ようかん、仕入れてみました！
ふくよかに広がる小豆の風味。口にふくむと、ほのかな甘みが感じられて、しみじみとした味がゆっくり広がります。
小分けタイプで日持ちするので、冷蔵庫にストックしておけば、安心です。
5 種類の水ようかんの候補の中から、一番おいしかったので、仕入れちゃいました！

身近な専門家としてのコメントがポイント。

②お客様の顔が見える POP

スマートフォンが、Aさん（65歳）の毎日の生活を変えちゃったんです。

パソコンがあまり得意ではないので、不安だったのですが、いろいろな調べものをスマホで検索するようになりました。
キレイな写真がいつでも撮れるのはいいですね。プリントして喜ばれています。スマホにして生活が少し変わりました！

③生産・製造者の顔が見える POP

コビを売らない服

デザイナー○○

このジャケットは、エレガントで知的な女性を意識して、ココロが軽くなるような感覚をお届けしたいと思ってデザインしました。ぜひ羽織ってみてください。素材のよさ、シルエットの優雅さを感じていただけると思います。

05

ポスター・ボード

商品選びをサポートしたり、自店の特徴を伝えるポスター・ボードで、お店のオリジナリティを感じてもらう。

お店を訪問したとき、売場でよく感じることがあります。

「普通に商品のポスターが貼ってある……。もったいないなあ」

同じ商品・サービスを扱っていれば、どのお店でも同じポスターが貼ってありますが、お客様には「このポスター、この前行ったお店にもあったなあ……」なんて思われて、スルーされてしまいます。

他店と同じポスター・ボードばかりでは、「このお店は○○なんだ」という印象がお客様に残りません。

自店のオリジナリティを強く印象づける内容のポスター・ボードが貼ってあれば、お客様に早くお店のことを理解いただけます。

「うちのお店のよさは、ずっと通ったらわかります」では、伝わる前に他のお店に浮気されてしまうことも……。せっかくお客様が来店してくれたのに、もったいないと思いませんか？

ある専門店では、初回来店してくれたお客様のうち、2回目の来店につながったお客様は25％でした。顧客対応が丁寧で素晴らしいお店なのですが、1回目の来店でお店のよさが伝わらず、4人に1人しか2回目の来店につながっていませんでした。

皆さんのお店でもこんなこと、起きていませんか？

本項では、お店のことを理解してもらうポスター・ボードの中でも、特に小さなお店で効果が出やすい、**①自店の特徴、②お客様からの評価、③商品の選び方、④ランキングを伝えるポスター・ボード**を紹介しますので、ぜひ実践してみてください。

①自店の特徴を伝えるポスター・ボード

お店で買いたい商品が決まっても、他店でも同じ商品を売っている場合、購入に至らないことがあります。そのお店で買う理由をあまり感じない場合です。お店で買うと決めた商品を、自宅に帰ってから別の会社のネット通販で購入されてしまうのは、その際たるものでしょう。

同じ商品がいろいろな場所で売られている今、お店のことをお客様に丁寧に伝えることが大事です。このお店で買う理由をポスター・ボードでアピールしてお客様が納得できれば、その場で買ってくれます。

具体的な内容としては、「お客様が商品を買う本当の目的」「お客様一人ひとりに合った商品選び」などがテーマになるでしょう。

愛知県岡崎市にあるサロン プラムさんでは、「今よりカラダが美しくなる方法を伝えています」「結果の出るインナー選びをお手伝いしています」というポスターを店内に設置して、自店の特徴を伝えています。

①自店の特徴をアピールするポスター・ボード例

お客様が商品を買う本当の目的

今よりお客様がキレイになれるように！

化粧品は買った後からはじまる商品です。

当店では、化粧品を買った後の自宅での使用方法、お手入れ方法を丁寧にお伝えしています。正しい方法で使うのがキレイへの近道です。

お手入れ方法を教えている模様（写真）

お客様一人ひとりに合った商品選び

お客様の肌に合った化粧品選び

自分の肌に合わない化粧品を選ばないように……

お客様の肌は一人ひとり違います。お客様の肌を測定し、その結果をベースに、お客様と一緒に化粧品を選びます。

肌に合った化粧品を選んだお客様の声・品揃え

②お客様からの評価を伝えるポスター・ボード

①で紹介した自店の特徴をアピールすることは素晴らしいのですが、お客様の中にはお店の単なる自己主張と捉える人もいます。

そこでおすすめなのが、お客様からの評価を伝えるポスター・ボードです。具体的には、「長年の実績」「お客様の声」をテーマにします。

「長年の実績」ボード・ポスターに入れてほしいのが、オープンからの年数です。5年以上お店をやっていたら、必ず書いてください。時々、「もっと長くやっているお店があるから……」なんておっしゃるお店さんがいますが、お客様は5年もお店を続けていれば、「お客様から信頼されているお店なんだな」と安心してくれます。

「お客様の声」ボード・ポスターには、お客様が親近感を持ちやすい地元のお客様に登場いただきます。実名が難しければ、イニシャルと地域（○○市△△町在住など）を記入させていただきましょう。

③商品の選び方を伝えるポスター・ボード

ある家電店では、ほとんどの売場に商品の選び方が書いてあるボードが陳列商品の上に設置してあります。例えば、電気ポットコーナーでは、魔法瓶構造かどうか、コードレスかどうか、沸騰スピードはどのくらいか、省エネ機能がついているか、タイマーがついているかなどが示されていました。暖房機器、空気清浄機、扇風機、炊飯器コーナーにも、それぞれ商品の選び方が書かれたボードがありました。

普通のお店は、「電気ポットコーナー」「暖房機器コーナー」など、カテゴリーの名称のみが表示されていて、商品の選び方はあまり書いてありません。お客様は、間違った商品選びをしたくない気持ちが強いので、選び方をサポートしてくれるお店はとてもありがたい存在なのです。

もちろん、購入の後押しにもなります。商品を買いに行ったけれど、結局買わずに帰ってきてしまった……というお客様は、どの商品を選んだらいいのかわからずに決断できなかった場合が多いからです。

④ランキングポスター・ボード

口コミサイトの影響で、他の購入者の意見を気にするお客様も増えています。その中でランキングポスター・ボードもおすすめです。

②お客様からの評価を伝えるポスター・ボード例

長年の実績

お客様１人ひとりとの関係を
丁寧に積み重ねて、○年

売り手と買い手という関係の前に、人と人の関係を大切にしてきたお店です。○人のお客様とお付き合いしてきた事実がその証です。

開店から今までの変遷・スタッフの自己紹介、取得資格

お客様の声

お客様の声をご紹介します。

お客様から、喜びの声を数多くいただいています。20 代から 70 代まで幅広いお客様から支持をいただいています。

年代の違うお客様の声・お客様の写真

お客様にとってランキングは、同じ立場のお客様が、どんな購入判断を下しているのかが明らかにわかるものです。

実施にあたっては、ランキング商品が支持されている「理由」を載せることがポイントです。この「理由」から、他のお客様の気持ちを垣間見ることができるので、お客様が思わず立ち止まりやすく、その後の接客にもつながります。

③商品選びをサポートするポスター・ボード例

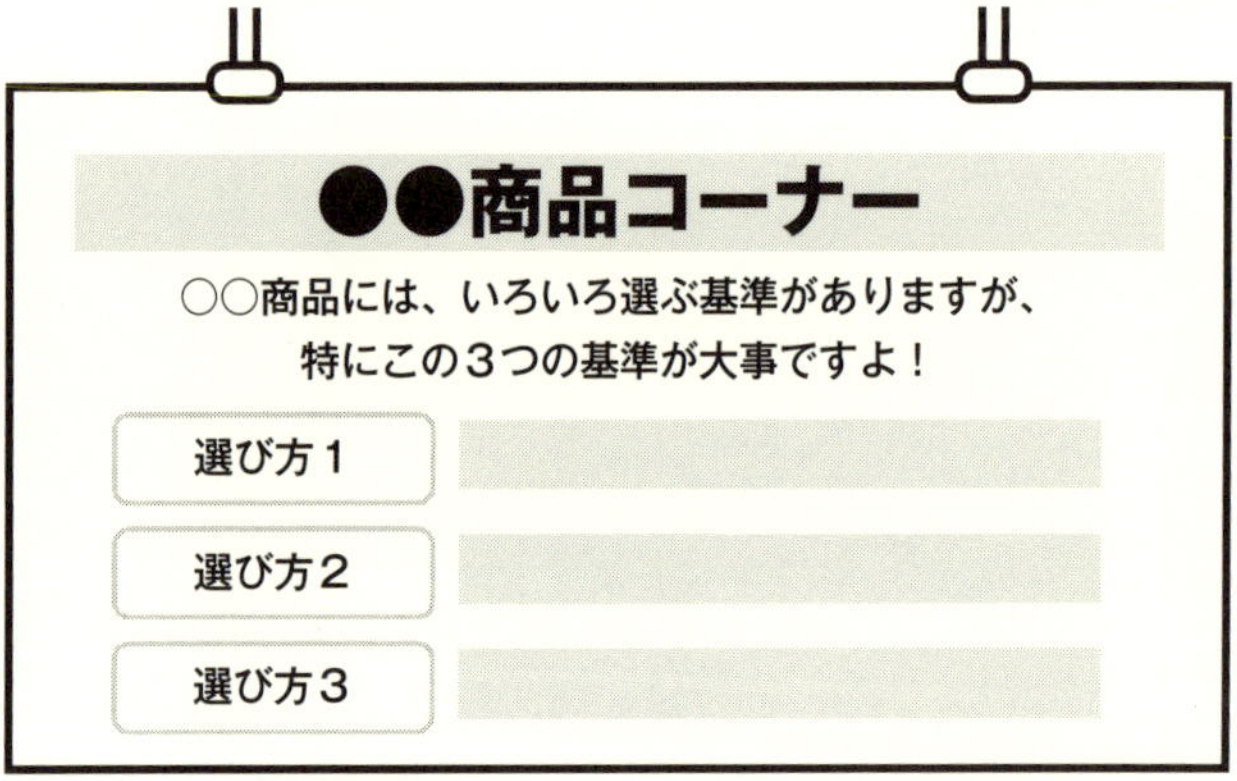
●●商品コーナー
○○商品には、いろいろ選ぶ基準がありますが、
特にこの３つの基準が大事ですよ！
選び方１
選び方２
選び方３

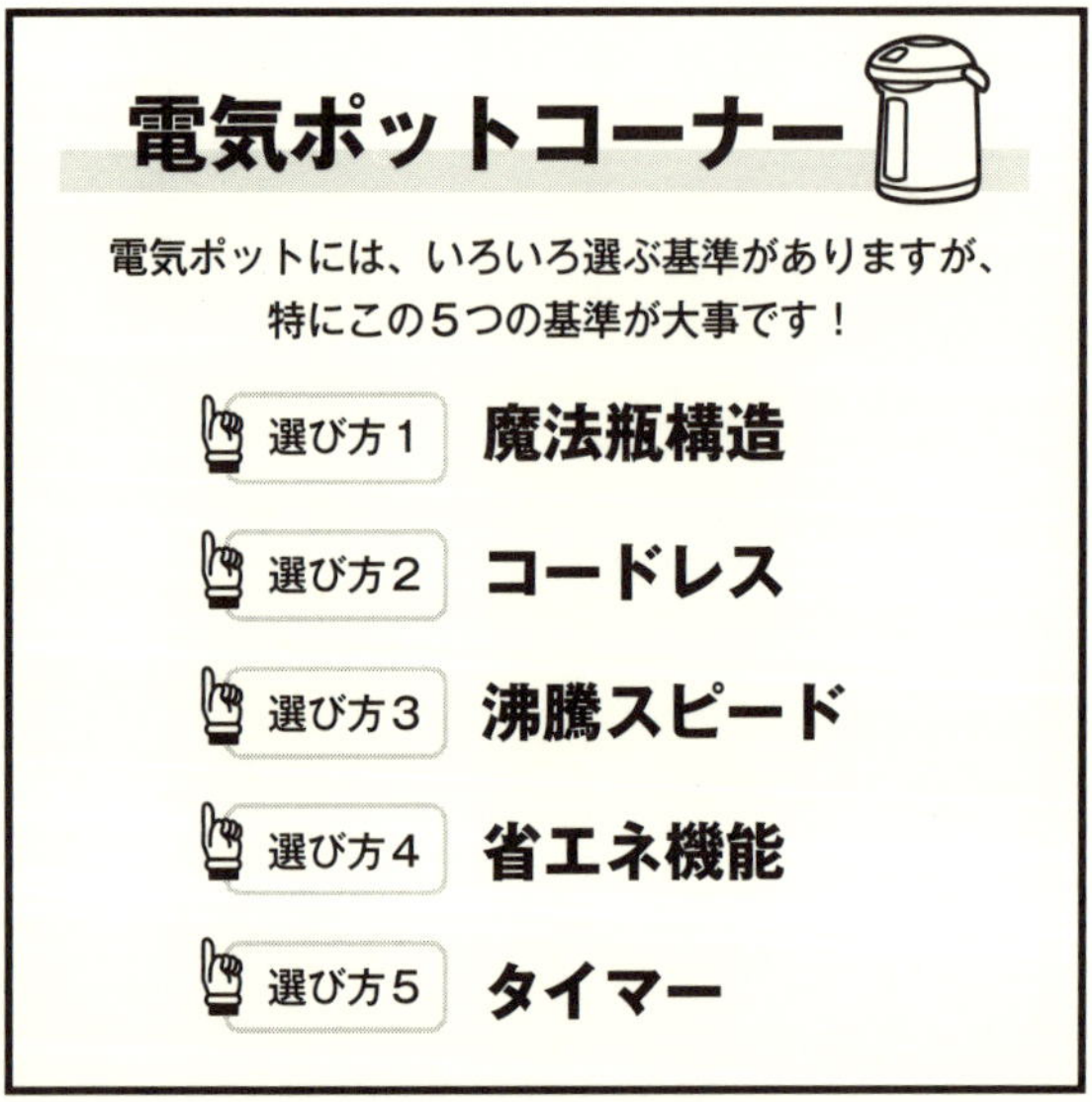
電気ポットコーナー
電気ポットには、いろいろ選ぶ基準がありますが、
特にこの５つの基準が大事です！
選び方１ 魔法瓶構造
選び方２ コードレス
選び方３ 沸騰スピード
選び方４ 省エネ機能
選び方５ タイマー

④ランキングポスター・ボード例

今月の人気アルバム
当店のベスト3

見本

人気No. 1「チェック」

人気の理由は、「子育てママ」から評価をいただいているからです。特に、女の子を持つママから人気かな？

見本

人気No. 2「ナチュラル」

50代以降のお客様から、自然な紙素材が人気です。手触りが懐かしい感じです。見本がありますので、お気軽にお声がけくださいね！

見本

人気No. 3「ブルー」

すべてのお客様から人気のあるタイプです。ブルーは、涼しげなので、これからの夏、注文が増えそうです！

CHECK！❷ 売場

- ☑ お店前で、「他店との違い」「お店の中」「お店の今」を知ってもらう。

- ☑ 1年に一度はレイアウトを変えて、飽きられないようにする。

- ☑ プレゼンテーション売場は、年間12回、計画を立てて変える。

- ☑ スタッフ、お客様、生産・製造者の顔が見えるＰＯＰが効果的。

- ☑ オリジナリティのあるポスター・ボードでお店への理解を深めてもらう。

3章

お客様が本音で話してくれる「接客」

01

お客様に挨拶する

「いらっしゃいませ」はもう古い!? 「こんにちは」をキーワードに、お客様に合わせて使い分ける。

私の会社の近くにファミリーレストランがあります。もう1年ぐらい、週に1回通っているのですが、毎回「いらっしゃいませ！」とまったく同じ挨拶を受けます。店長さんもスタッフさんも、おそらく私のことを知っているのに、私に合わせた対応がないのです。

全国でチェーン展開しているファミリーレストランはそういうものだと言われれば仕方ありませんが、なんとなく寂しく感じてしまう私がいます。

お店の挨拶で大事なのは「元気な声」「笑顔」「正しい立ち姿」などと言われますが、それができていても、どのお客様にも同じ挨拶をしていては、お店に10年間お客様が通い続けることはないでしょう。「元気な声」「笑顔」「正しい立ち姿」は、お客様にとって「どのお店でもやっている当たり前のこと」だからです。

「同じ挨拶」から「お客様に合わせた挨拶」に

なぜ、同じ挨拶になってしまうのでしょうか?

それは、長年お店で働いている中で、お客様が数多くのお店から自分のお店を選んでくれたことに対して「ありがたい」と思う気持ちが薄れてきてしまっているからです。

お客様には、来店できるお店がたくさんあります。例えば、街外れに小さな洋服屋さんがあったとします。洋服屋さんは、駅ビルにあったり、ショッピングセンターや百貨店の中にあったり、ネットショップもありますね。

その中で、自分のお店を選んで、お店の敷居をまたいでくれたのです。その事実を当たり前のことと思わずに、お客様への感謝の想いを持っていれば、お客様一人ひとりと対面したとき、挨拶もお客様に合わせて変わっていくものです。

プライベートな友人との関係を思い浮かべてもらうと、わかりやすいかもしれません。

はじめて会ったときと、1年経った後では、挨拶の仕方も会ったときの表情も違っていますよね。

私の事務所の周りには、徒歩2分以内にコンビニが6軒（セブン-イレブン2軒、ファミリーマート3軒、ローソン1軒）ひしめいています。その中で、一番多く通っているのが事務所から少し離れたセブン-イレブンです。コンビニなのに（と言ったら失礼かもしれませんが）、私に合わせた挨拶をしてくれます。

- **ワイシャツの襟がスーツに引っかかっていたときは、「これからお仕事ですか？ ワイシャツがちょっと引っかかっています」**
- **新年が明けたときは、「あけましておめでとうございます。昨年はお世話になりました。今年もよろしくお願いします！」**
- **たまたま日曜日が仕事だったときは、「日曜日なのにお仕事ですか、大変ですね。お仕事、がんばってください！」**

と声をかけてくれます。このような挨拶は、パート・アルバイトのスタッフも取り組んでいて、最後の例は、なんと大学生のアルバイトでした。

「いらっしゃいませ」から「こんにちは」に！

では、10年顧客を育てるお店の挨拶のポイントは、具体的にどんなところにあるのでしょうか？

お店の挨拶には大きく、「いらっしゃいませ」系のお店と、「こんにちは」系のお店があります。「いらっしゃいませ」について辞書で調べてみると、「来る」「行く」の尊敬語で、目上の人に向けて歓迎を表わす挨拶とあります。「いらっしゃいませ」を言う側と言われる側は、同等ではないのです。

お店のスタッフから「いらっしゃいませ！」と言われて、「いらっしゃいました！」とお客様は言えないですよね。「いらっしゃいませ」は、お店とお客様のコミュニケーションにつながりづらく、関係が深まらない挨拶です。

一方、スタッフから「こんにちは」(「おはようございます」「こんばんは」)と声をかけられると、お客様も「こんにちは」と答えてくれる場合が多いでしょう。「こんにちは」は会話のキャッチボールがはじまりやすい挨拶です。

お客様の中には「こんにちは」の挨拶をなれなれしく感じる方もいらっしゃるかもしれませんが、私が関わった写真店では、「いらっしゃいませ」から「こんにちは」に挨拶を変えた結果、接客中の会話が広がりました。「お客様が挨拶を返してくれるようになった。私達もうれしい！」「『こんにちは』から入ると、お客様からお話ししてくれることが増えた」とのことで、お客様から不満の声は一切上がりませんでした。

「いらっしゃいませ」の挨拶は、お客様は聞き飽きているので、〝さばかれている感〟を無意識に感じているのかもしれません。この〝さばかれている感〟は、10年顧客の育成にとってマイナスです。

「こんにちは」をキーにお客様に合わせた挨拶をしよう！

「こんにちは」の挨拶の取り組みは、「新しいお客様（はじめて顔を見たお客様）」「中くらいのお客様（それ以外のすべてのお客様）」「固定客（いつも来てくれるお客様）」に合わせた挨拶をすることがポイントになります。

・新しいお客様向け挨拶

新しいお客様は「どんなお店なのかな？」と不安に思っているので、安心感を持ってもらうために接客の基本ができていることをアピールすることが大事です。「元気な声」「笑顔」「正しい立ち姿」の基本を押さえたうえで、「こんにちは！」と挨拶しましょう。「いらっしゃいませ」と小さな声で付け加えてもＯＫです。

・中くらいのお客様向け挨拶

新しいお客様、固定客以外のお客様は、「私のこと、もしかして覚えてくれているかな？」と思っているので、知っていることを伝える挨拶にします。「あ、こんにちは！」とさりげなくアピールしましょう。名前を覚えていなくても、〝知っている感〟をお客様に伝えることができ、次の会話に進みやすくなります。

・固定客向け挨拶

固定客は、「私のこと覚えてくれているよね～」と期待を持っていることが多いので、「○○さん（お名前を覚えましょう）、こんにちは！」と親しみを込めた挨拶をします。

02

お客様に話しかける（アプローチ）

新しいお客様、中くらいのお客様、固定客の大きく3つに分けて、挨拶した後のアプローチを変える。

優秀な店長さん・スタッフさんの何人かに、挨拶の後にどんな言葉をかけているのか、聞いてみたことがあります。業種・業態・立地・お客様によって、話しかけるタイミング、フレーズはさまざまでした。

本項では、10年顧客を育てる視点から挨拶の後、どんなアプローチがいいかを考えます。挨拶と同じく、アプローチする場面でもお客様を「新しいお客様」「中くらいのお客様」「固定客」の3つに分けて対応を変えることがポイントです。

まずは、固定客のお客様から考えていきましょう。

「固定客」にアプローチする

固定客は、自分がお店から大切にされていることを感じたいと思っています。話しかける段階でそれを実感していただくのに一番効果があるのは、**過去の出来事や情報をベースに質問をする**ことです。大きく3つの質問があります。

・購入商品についての質問
「先日、買ってくださった空気清浄機、調子はいかがですか?」（家電店）

・プライベートに関する質問
「この前、もうすぐ娘さんの卒業式とおっしゃっていましたよね。卒業式、いかがでしたか?」（美容室）

・最近の興味についての質問
「昨年はコートを購入していただきましたが、今年の秋冬アイテムで気になるもの、何

かありましたか？」（アパレルショップ）

このように、そのお客様ならではの質問を投げかけます。お客様に「自分に関心を持ってくれた」と感じてもらいます。その会話の流れの中で、最近の流行、新商品について、お話ししてもいいでしょう。

アプローチの後は自由に楽しく店内を見てもらいます。時々、気を使いすぎて固定客とずっとお話ししているスタッフがいますが、一定の会話（業種にもよりますが、2～3分くらい）が終わったら、自由に店内を見てもらったほうがいいでしょう。固定客も自由に店内を見たいと思っている人が多いからです。

また、スタッフにとっても、同じ固定客とずっとお話ししていると、次のお客様に接客するチャンスを失ってしまうことがあります。

「中くらいのお客様」にアプローチする

中くらいのお客様（スタッフから見て何となく記憶があるお客様）には、挨拶で「あ、こんにちは！」と覚えていることをアピールした後に、来店のお礼を丁寧にお伝えし、お客様に「また来てよかったな」と感じてもらいます。

このアプローチには、大きく2つのケースがあります。

・お客様を少し覚えている場合

「〝先日は〟ありがとうございました。確か前回、○○をお探しだったと思いますが……」

・お客様をあまり覚えていない場合

「〝またのご来店〟、ありがとうございます」

お礼を明確に伝えることで、お客様に喜んでいただきます。お礼の後は、最近の流行や新商品についてお話しし、あとは自由に楽しく店内を見てもらいましょう。

私のところに相談に来てくれるお店からは「中くらいのお客様に、はじめてのお客様と同じ感じでアプローチしてしまう」という声をよくお聞きします。せっかくお客様のことを覚えていても、お客様にそれを感じてもらえないのはもったいないことです。

「新しいお客様」にアプローチする

最後に、新しいお客様へのアプローチです。これが一番難しいです。新しいお客様は情報が何もなく、会話のきっかけをつかむことが難しいからです。

そんな中で大事なのは、オリジナリティです。お客様は1日で、いくつものお店をハシゴしている場合があります。挨拶とアプローチだけの場合も、オリジナリティのある言葉でお店の印象をしっかり残して、次回来店につなげましょう。

それが、次に紹介する「楽しく見てね」「へ～、そうなんだ」フレーズです。

10年顧客を育てることを目指していても、はじめてのお客様を2回目の来店に導けなければ、そこで終わってしまいます。新しいお客様にどんな言葉をかけるのか、10年顧客を増やし続けるうえでとても大事です。

挨拶後は、「楽しく見てね」フレーズ

新しいお客様への挨拶後、およそ10秒後を目安に「楽しく見てね」フレーズをお届けし

ましょう。フレーズの内容は一工夫が必要です。「ご自由にご覧ください」はどのお店でもやっていて、オリジナリティがありません。

例えば、こんなフレーズがあります。

「どうぞ、〝楽しんで〟いってくださいね」

「気になる商品、見つけていただけると〝うれしい〟です」

「〝じっくり〟ご覧くださいね」

このタイミングでは、お客様が答えなければならない「質問」フレーズ（詳しくは次項）はまだしないほうが賢明です。

答えてもらえないと、次に話しかけづらくなるからです。

「へ～、そうなんだ」フレーズ

「楽しく見てね」フレーズの後は、「へ～、そうなんだ」とお客様に感じてもらうフレーズをお届けします。

タイミングとしては、「楽しく見てね」フレーズの2~3分後、あるいは2~3分経たなくても、①1つの商品の前に30秒以上いたとき、②同じコーナーに2回立ち寄ったときです。

①1つの商品の前に30秒以上いたとき

・商品の特徴フレーズ

「この商品はさりげなく、○○ですよね」

「この商品の○○、ちょっと気になりますよね」

・商品の背景フレーズ

「この商品のデザイナーは、○○な場で活躍している人で……」

・プロならではのフレーズ

「一見他店にも同じような商品があるのですが、○○の完成度が断然違います」

・他のお客様を起点としたフレーズ

「昨日、その商品を20代のオシャレなお客様も買っていかれました」

・自分エピソードフレーズ

「この前、私もこの商品、買ったんですよね。自宅で使ってみると○○でした」

ちなみに、自分エピソードフレーズは、最近よく使われています。この前、輸入食品を扱っているお店で、「陶器の容器に入ったレバーパテ」を紹介してくれました。「入荷のたびに買っているので、自宅で空の陶器がたまってしまって……」というエピソードを聞いて、つい購入してしまいました。

②同じコーナーに2回立ち寄ったとき

〈コーナーの一番人気フレーズ〉

「このコーナーにご興味あるのですね。このコーナーで一番の人気商品は、これです。理由は○○だからなんです」

〈コーナーの業界トレンドフレーズ〉

「このコーナーの商品は○○の新素材が出てきて人気なんです。業界的にも非常に注目されています」

フレーズを知っていても、すぐにできないかもしれません。特定の商品（今月の重点商品）をテーマに、スタッフ皆でどんな「へ〜、そうなんだ」フレーズがあるのか、話し合ってみましょう。そして、少しずつ実践できる商品を増やしていきましょう。

アプローチをするうえで大事な心の状態

最後に一点、お伝えしたいことがあります。それは、**ネガティブな気持ちを持ってアプローチするのは避ける**ことです。

ネガティブな気持ちとは、「お客様は接客を受けたくないのではないか」という根本的な疑問を持っている状態です。これは特に若いスタッフに多い傾向です。「自分がお客様だったら、接客を受けたくない」という気持ちに引きずられてしまうのです。

「接客を受けたくない」、本当にそうでしょうか？　正確に言うと、お客様は「ムリにすすめられる接客」「売ろうとする接客」「ベタベタする接客」を受けたくないだけではないでしょうか？

10年顧客を育てる皆さんが届けようと思っている接客は、そんな接客ではないですよね。お客様が心地よい、お客様に喜んでもらう、お客様に新しい気づきを与える接客です。それはお客様も望んでいる接客です。

お客様が望んでいることを素直に自分の胸に思い描いて、アプローチしてみてください。そんな気持ちを持っていれば、躊躇することが少なくなります。お店のスタッフの仕事は、お客様を幸せにできる素敵な仕事だと自信を持ちましょう。

03

お客様を理解していく（ヒアリング）

商品をすすめるためのヒアリングはNG。「望んでいる未来」「カテゴリー意識」「商品希望」の視点で聞いてみる！

10年顧客を育てるお店では、ヒアリングの目的は、最適な商品をおすすめするためではありません。お客様を深く知って、同業他店ではできないことをお届けするためです。

例えば、居酒屋のスタッフが、会話の中から、お客様が旅行に行くことがわかったとします。そうすると、旅行先のおすすめのお店、郷土料理を伝えてあげることができます。次回来店時に、旅行について会話がはずんで、関係が深まることもあるでしょう。

化粧品店のスタッフが、お客様がこれから3カ月間ずっと仕事が忙しい……と聞いたとします。その場合、これからの3カ月の季節とお客様の肌の特徴に合わせた、簡単なお手入れの提案ができます。お客様は自分の生活に合わせたアドバイスをしてくれたことをうれしいと感じるでしょう。

例に出した旅行の話や仕事が忙しいという話は、一見商売とは関係がなさそうですが、10年顧客を育てるお店では大切な情報です。他のお店ではできないコミュニケーションに結びつくからです。

お客様に10年間ずっと来てもらうためには、お客様のことを同業他店よりも深く知る必要があります。お客様にとって、自分が通っている同じ業種・業態のお店の中で、自分のこと（好み・性格など）を一番よく知ってくれている、安心できるお店づくりを目指しましょう。

具体的な3つの質問内容

それでは、お客様にどんなことを聞いて、お客様のことを理解していけばよいのでしょうか。それには、**①望んでいる未来、②カテゴリー意識、③商品希望**の3つの視点が必要です。

普通のお店では、主に③商品希望だけしか聞いていません。①②はあまり意識していない場合が多いです。お店を〝商品を売る場所〟と考えて、〝お客様と関係を深めていく場所〟だと捉えていないからです。

一方、10年顧客を育てるお店では、①望んでいる未来、②カテゴリー意識、③商品希望の3つすべてが大切になります。

そもそもお客様は何のために商品を買うのでしょうか？　それは、商品を買って今よりも生活を充実させたいからです。

お客様が買い物で意識していることは、同じカテゴリーのたくさんの商品の中で、**間違った商品選びをしたくない**ということです。このお客様が大事にしていることに対応するのが、①望んでいる未来と②カテゴリー意識のヒアリングです。

では、3つの質問内容を具体的に見ていきましょう。

①望んでいる未来

商品・サービスを手に入れて、どんな未来（生活の充実・改善、悩みの縮小）を望んでいるのか、聞いてみます。3つの中では一番範囲が広い質問です。

例えば、自動車ディーラーでは「新しい自動車を買って、今と比べてどんな感じの生活をイメージしていますか?」「今の自動車に乗っていて、どんな場面で物足りなさを感じているのですか?」という質問が考えられます。前者はポジティブな未来を思い描いてもらう質問で、後者はネガティブなことを解消する質問です。

私のコンサルティング先の化粧品店では、「今年1年、自分のお肌を今と比べて、どんなイメージにしたいと思っていますか?」と会員全員に年初めに聞き、それを顧客台帳に記入しています。

1年間で目指す場所(目標)をお客様と共有することで、お肌のアドバイスも的確なものになり、お客様が自宅で正しくお手入れできるようになりました。お肌の悩みも少なくなり、実際にキレイになったお客様が増えました。そんなお客様は、ずっとお店に通い続けてくれるでしょう。

フィットネスクラブのカーブスでは、入会時にどんな身体・健康状態になりたいのかを聞いて、個人カルテに記入しています。シニアには、「同窓会で恥ずかしくないようにしたい」「友人との旅行で足手まといになりたくない」といった具体的な場面・シーンまで聞いています。そのゴールにどこまで近づいているか、月のはじめにお客様と確かめて、お互いにやる気を高めています。

②カテゴリー意識

続いて、商品カテゴリーについての質問です。購入したい商品のカテゴリーは決まっていても、自分にとってどの商品がよいのか、わからないお客様に適した質問です。

例えば、家電店では「どんな冷蔵庫を探していますか？」といった質問になります。

先日、私が家電店の照明売場で商品を眺めていたら、スタッフさんから「どんな照明をお探しですか？」と聞かれました。「ベッドで使う読書用の照明を探しています」と伝えたところ、詳しく説明してくれて、助かりました。

一見、通常の接客のようですが、私が興味を持っている特定の商品ではなく、「照明」というカテゴリーのヒアリングをしてくれたことで、希望をうまく伝えることができたよい例です。

料金受取人払郵便

神田支店
承　認
8175

差出有効期間
平成28年7月
14日まで

郵便はがき

1018796

511

（受取人）
東京都千代田区
神田神保町1－41

同文舘出版株式会社
愛読者係行

毎度ご愛読をいただき厚く御礼申し上げます。お客様より収集させていただいた個人情報は、出版企画の参考にさせていただきます。厳重に管理し、お客様の承諾を得た範囲を超えて使用いたしません。

図書目録希望　　有　　無

フリガナ お名前		性　別 男・女	年　齢 才
ご住所	〒 TEL　　（　　）　　Eメール		
ご職業	1.会社員　2.団体職員　3.公務員　4.自営　5.自由業　6.教師　7.学生　8.主婦　9.その他（　　）		
勤務先分類	1.建設　2.製造　3.小売　4.銀行・各種金融　5.証券　6.保険　7.不動産　8.運輸・倉庫　9.情報・通信　10.サービス　11.官公庁　12.農林水産　13.その他（　　）		
職　種	1.労務　2.人事　3.庶務　4.秘書　5.経理　6.調査　7.企画　8.技術　9.生産管理　10.製造　11.宣伝　12.営業販売　13.その他（　　）		

愛読者カード

書名

◆ お買上げいただいた日　　年　　月　　日頃

◆ お買上げいただいた書店名　（　　　　　　）

◆ よく読まれる新聞・雑誌　（　　　　　　）

◆ 本書をなにでお知りになりましたか。

1．新聞・雑誌の広告・書評で　（紙・誌名　　　　　　）

2．書店で見て　3．会社・学校のテキスト　4．人のすすめで

5．図書目録を見て　6．その他（　　　　　　）

◆ 本書に対するご意見

◆ ご感想

●内容　良い　普通　不満　その他（　　　　　　）

●価格　安い　普通　高い　その他（　　　　　　）

●装丁　良い　普通　悪い　その他（　　　　　　）

◆ どんなテーマの出版をご希望ですか

<書籍のご注文について>

直接小社にご注文の方はお電話にてお申し込みください。宅急便の代金着払いにて発送いたします。書籍代金が、税込1,500円以上の場合は書籍代と送料210円、税込1,500円未満の場合はさらに手数料300円をあわせて商品到着時に宅配業者へお支払いください。

同文舘出版　営業部　TEL：03－3294－1801

③商品希望

最後は、商品についての質問です。主に、「デザイン」（どんなデザインがお好きですか？）、「機能」（どんな機能を大切にしていますか？）、「価格」（どのくらいの予算でお考えですか？）、「使用場面」（どんな場面で使うことが多いですか？）、「購入後のお手入れ」の5つが中心になります。

04

お客様に商品を紹介する

ネットに載っている商品説明を聞かされたお客様はちょっと寂しい。自店ならではの商品説明を届けよう！

お店でスタッフが商品を紹介するのは当然のことですが、２０００年頃から、大きな転機になった出来事がありました。インターネットの出現です。お客様はお店に行かなくても、ネットで商品を調べることができるようになりました。

読者の皆さんも、家電・時計・バッグ・洋服・化粧品・飲食店を選ぶとき、お店に行く前にネットで調べることがあるでしょう。

広告代理店のオプトが２０１４年2月に行なった調査によると、「お店に行く前に、売っている商品をホームページで確認した経験があるか」と聞いたところ、衣類37％、家電43％、飲食店51％の人が経験があると答えました。スマートフォンの普及で、今後ますます増えていくでしょう。

インターネットが一般的になる以前は、お客様が求めていた商品紹介とは、商品の特徴を説明してもらうことでした。スタッフは、商品の特徴を覚えて説明できることが一番大事でした。

もちろん今でも大事ですが、お客様はネットで商品を調べて、ある程度の知識を持っていることが少なくありません。メーカーのホームページに載っている商品特徴をお客様に伝えているだけでは、お客様にとっては時間をかけてわざわざお店に出向いたメリットがありません。

質感・手触り・香り・フィット感などはお店で直に商品に触れてみないとわかりませんが、それだけでは10年間お店にずっと通い続けてくれないでしょう。それは他店でも確認できるからです。

ネット時代の商品紹介

商品の内容をある程度ネットで調べたお客様は、スタッフからどんな商品の紹介を受けたいのでしょうか？　皆さんがお客様だったとしたら、どんな商品紹介を受けると、「やっぱりお店に来てよかった！　また来よう」と思いますか？

それは〝お店のスタッフならでは〟の商品紹介でしょう。

「お店のスタッフならでは＝オリジナルな意見」とハードルを上げすぎる必要はありません。お客様から見ると、**「お店のスタッフ〝ならでは〟＝身近な専門家の意見」**だからです。

商品評価のプロの意見（自動車でいえばプロドライバーの声、化粧品でいえば美容ジャーナリストの意見）は、自分とは遠い距離にあります。その点、お客様から見るとお店のスタッフは親しみやすい、話しかけやすい、身近な専門家です。お客様は身近な専門家ならではの商品紹介を聞きたいと思っています。

ネットの商品紹介には限界がある

メーカーのホームページに載っている内容は、どうしても商品の長所を強調した説明になります。口コミサイトの内容は、誰だかわからない、しかもシロウトであるお客様の意見です。ステルス・マーケティング（ステマ。サイトのユーザー評価の投稿欄を利用して、意図的に宣伝を行なうことなど）の問題もありました。

最近は、ネットで情報は確認するけれども、それだけで購入しようとは思わない傾向が強まっているようです。実際、ある旅行代理店では、30代・40代に比べて、20代のネット申込み比率が低い状況がありました。ネットに書いてある情報が本当に正しい情報なのか、お店でスタッフに確認しているのです。ネットの良し悪しをわかっている若いお客様のほうが、お店からの情報を求めているかもしれませんね。

いくらネットが広がっても、ネットだけではお客様が求めている商品紹介を叶えられるわけではないのです。

5つの切り口で身近な専門家として商品を紹介する

身近な専門家として商品を紹介するといっても、実際にどのように行なうのか、想像がつきにくいかもしれません。

ここでは、5つの切り口で商品を紹介する方法をお教えします。

1つの商品について、5つの切り口から2～3つ、丁寧に紹介ができれば、ネットで調べたお客様も「やっぱりお店に来てよかった」と感じてくれます。

①機能・効果の実感

商品紹介の王道ですね。機能・効果は商品のパンフレットやホームページに載っているので、お店では、機能・効果をスタッフが自分自身で試してみて実際に感じたことをお伝えします。

②物語・ストーリー性

物語・ストーリー性という観点から、創業時の苦労話などをお伝えします。

ただし、それがない場合もあるでしょう。最近は、製造過程を明らかにすることで、モノ自体のストーリーを語っていることが多くなっています。

ある文房具屋さんでは、ドイツの高級絵具を、ドイツの田舎町で手づくりでつくられていることをアピールしていました。

最近のラーメン屋さんは、出汁や素材へのこだわりをテーブルやお店の壁に貼っているお店が多いですよね。ラーメンが出てきたときに、そんなこだわりを感じながら食べると満足度が高まります。

③旬・時代のキーワード

商品は旬・時代のニーズとのつながりも大事ですね。「節約」「○○女子」「時短」などの旬・時代のキーワードの延長戦上に商品を位置づけます。

ある家具店に行ったときの話です。特に買う気もなかったのですが、80万円のリビングテーブルが目にとまりました。

私が「けっこう、いいお値段ですね」とスタッフさんに話しかけると、「今、家具の世界でも、森林の伐採など環境問題を考慮して、世代を超えて長く使っていただける、地球にやさしいエコ提案をしています」とのことでした。

「環境」「エコ」というキーワードの延長戦上に80万円のリビングテーブルを位置づけていました。ただ高価だと思っていた80万円のリビングテーブルの印象が変わり、新たな価値を感じました。

④お店で買ってくれたお客様の声

「どんなお客様（年齢・雰囲気）が買ったのか？」「どんな理由で買ったのか？」「買ってからどんな感想を持っているのか？」など、お店で買ってくれたお客様の声を紹介します。お店で買った地元のお客様の声は、全国の購入者の声よりも親しみを感じて、耳を傾けてくれます。

⑤コストパフォーマンス

お客様が単に安い・高いだけで判断しないように、値段と価値のバランスを伝えます。

もう5年も前になりますが、六本木ヒルズにあるアパレルショップで、鮮やかなオレンジ色のバックが置いてあって、「あ、いいなあ〜（私はオレンジ色に目がないのです）」と一目ぼれしました。しかし、値札を見たら、8万円もしたのです。

さすがに8万円は出せないなあと思っていたのですが、

「このバッグは、○○（女性に人気の海外高級バッグブランド）と同じ工場で、40万円の高級バッグをつくるときに余った生地が使われているんです。品質は変わりません。一見金額を見るとビックリするのですが、実はかなりお得なんです」

こんな商品紹介を受けると、8万円のバッグもコストパフォーマンスがよく、高い値段に感じなくなるから不思議です。さすがにその日は買わなかったのですが、結局、再来店して購入してしまいました。

〝お店のスタッフならでは〟の商品紹介を積み重ねていくと、お客様の中で、このお店のスタッフが「いつも目利きとして、私の商品選択を手伝ってくれる」存在になります。そうすれば、お客様はあなたのお店にずっと通い続ける意味を感じてくれるようになるはずです。

05

お客様が購入を判断する

買うかどうか迷っているとき、商品が本当にお客様に合っているか本音を入れて伝えて、お客様に購入判断を委ねよう。

以前、通院している歯医者さんで、歯のホワイトニングをやるかどうか迷ったときに、こんなトークをしてくれました。

「お仕事のお客様は女性が多いとおっしゃっていましたが、女性からすると、今の齋藤さんの歯の状態はちょっと気になるかもしれません。

歳を重ねると、どうしても歯の色が変わっていきます。ホワイトニングをすると、今よりも健康的に見える白い歯になりますよ。

今より白い歯になると、相手はもちろん、齋藤さん自身も自分の歯に自信を持てますよね。お仕事にもいい影響を与えてくれると思います！」

正直なところ、ホワイトニングをやらなくてもよかったのですが、スタッフさんの言葉に、ご自身の本音が入っていた（「女性からすると、ちょっと気になるかもしれません」）ような気がして、実際に頼みました。

別の例で言うと、前回の引っ越しの際に、家具店にソファーを見に行ったのですが、たまたま来る前に、カーテン屋さんに行っていたことをスタッフさんに伝えると、

「うちのお店はカーテンを取り扱っていないのですが、カーテンは大事ですよ。お部屋の雰囲気を決めてしまいます。僕もインテリア業界に勤めている身でありながら、ソファー・テーブルと比べて、カーテンって生地だけなのに高いなあと思っていました。でも、自宅によいカーテンをつけたら、リビングにいるとなんか気持ちがいいんですよ。やっぱり金額なりの価値がありました」

と、自店で取り扱っていない商品なのに、本音でお話ししてくれました。

この会話で、私はその後そこそこ値が張るカーテンを買う心の準備ができて、実際に14万円のカーテンを買いました（その後、ソファーはもちろん、このお店で買いました）。

お客様の本音って何だろう?

お客様はなぜ、商品を買うのでしょうか。よい商品をただ手に入れたいわけではないですよね。買った商品を自分の生活に取り入れることで、日常を楽しくしたい、生活を豊かにしたい、不満を少なくしたいと思っています。

そんなお客様の想いにスタッフ自身が自分を重ね合わせることができたら、心の中に本音が芽生えます。その本音をお客様が買うかどうか迷った場面で伝えることが、10年間通い続けてもらうためのポイントです。

親・兄弟を除いて、10年ずっと付き合っている友達は、本音で話し合える仲ですよね。商売であっても、本音の部分がないと、関係は長く続かないと思います。お客様にとって、買うかどうか判断する一番大事な場面で、自分の本音を入れてお話しましょう。

購入の判断は、お客様に委ねる

購入判断の場面で、「最後の一押し」が大事という接客テクニックがあります。お客様が1人で購入を判断することが難しい高額商品の場合は、最後の一押しはお客様のために必要ですが、そうではない商品の場合、**最後の一押しをしすぎてしまうことがマイナスになることがあります。**

10年通ってもらうことを考えると、毎月1回の購入で、年間12回、10年間で120回購入してくれることになります。1回買ってくれなくても、次回来たときに買ってもらえれば問題ありませんよね。もし、買ってくれたとしても、ムリして買わされたイメージが残ると、通い続けてもらうことはできません。焦る必要はないのです。

お客様は、商品・サービスを買うとき、**自分の判断で買ったことに対して、大きな満足感を抱いています。**

購入の判断は、お客様に委ねましょう。そうすれば、お客様は「このお店は、私がものを買った瞬間の満足を奪ったりしないお店だ」と感じてくれます。

06

会計時の接客

丁寧なお礼・丁寧なお見送りだけではずっと通ってくれない。会計時に商品の使い方・お手入れ方法を伝えよう。

10 年間ずっと通い続けてもらうには、1回1回の買い物が「本当によかった」とお客様に感じてもらうことが大事です。ある買い物が「本当によかった」と思うのは、商品を手に入れた瞬間だけでなく、自分が買った商品を、自分で気分よく使っているときでしょう。

お客様に「本当によかった」と感じてもらうために、買ってくれた商品の使い方について、丁寧に伝えていきましょう。

商品の使い方・お手入れについて会計時の接客で伝える

買ってくれた商品の使い方・お手入れについて伝えるのは、**会計時がベストのタイミング**です。

実は、商品を選んでいるとき、買うかどうか判断しているときは、売る側から情報を伝えても、お客様は「私に商品を買わせようとしているのでは」という警戒心がどうしても頭の隅にあります。話を半分くらいしか聞いていないことも少なくありません。

しかし、会計時は違います。すでに買う決断が終わっているので、商品の使い方・お手入れについて情報を届ければ届けるほどに、耳を傾けて聞いてくれます。それによって、商品を買った後、商品を正しく使って丁寧にお手入れをしてくれるので、「買って本当によかった」と感じる可能性が高まります。

商品の使い方・お手入れについて伝える時間は、商品・場面によってさまざまでしょう。商品説明の難解さや、そのときのレジの状況によって、3分の場合もあれば30秒の場合もあるでしょう。レジで後ろにお客様が並んでいる場合は、10秒くらいでしょう。

買った後のことを伝える効果

先日、2年前に買った夏のスーツのサイズ直しに、購入したお店まで足を運びました。まずは生地の状態を見てもらい、直して着る価値があるのか、スタッフさんに判断してもらいました。

スタッフ「まだ大丈夫ですよ」
私「よかった。ではよろしくお願いします」
スタッフ「このスーツ、何度かクリーニングに出していますか？」
私「出しています」
スタッフ「このスーツは、あんまり出さないほうがいいんですよ。クリーニングは基本的に薬品を使っているので、生地が傷んでしまうのです」
私「そうなんですか。知らなかった。どんなお手入れをすればいいんですか？」
スタッフ「着終わった夜に、ブラシでホコリを落として、1日陰干しすれば大丈夫です。このスーツは、クリーニングを頻繁にすると3年、自分で手入れをすると5年持ちます」

私　「知らなかった……」

残念ながら、このスーツを買ったときは別のスタッフさんで、商品を買った後のお手入れの話は聞いていませんでした。正直、このお店にこれからずっと通い続けるのはどうかな……と思ってしまった自分がいました。

もし、購入時にこのお話を聞かせてもらえていれば、正しいお手入れができて、このお気に入りのスーツを長く着ることができたからです。

おせっかいではありません

会計時に買ってくれた商品の使い方・お手入れを伝えるトークをお店にご提案すると、時々「これ、おせっかいだと思われませんか？」と言われることがあります。もしかしたら、過去にお客様から「そんなこと、知っているよ」という態度をとられたことがあったのかもしれません。

そのような不安がある場合は、お客様に「もしよろしければ、○○についてお話ししてもいいですか？」と聞いてからお話をはじめるとよいでしょう。了解を得た後であれば、お客様からおせっかいと思われることも、否定的な態度をとられることもありませんよね。「お客様は、そのくらい当然知っているだろう」と思うこともあるかもしれませんが、お客様は知らないことが多いか、一度聞いても忘れている可能性が十分にあるので、大抵の場合、喜んでくれます。

お客様から喜ばれることは、スタッフも前向きに取り組みやすく、お店で定着しやすいということも見逃せません。

スタッフはこのときこそ、お客様と接する喜びを感じるでしょう。**会計時の接客は、売る側と買う側が想いを共有できる大切な場面**になるからです。

ある家電店では、ＤＶＤプレイヤーなどのデジタル家電をご購入していただいたお客様に、希望があれば接続方法や録画などの基本的な操作方法をお伝えするようにしています。機械に弱い方やご年配の方から喜ばれている接客です。

会計時の接客は、次回購入に向けての最初の接客

会計時の接客は、丁寧にお礼を言うこと、お見送りの重要性が言われますが、それだけではありません。丁寧なお礼やお見送りは他店でもやっているので、できたからといって、10年通い続ける動機にはなりません。ぜひ、会計時に商品の使い方・お手入れ方法もお届けして、他店との違いを感じてもらいましょう。

会計時の接客は、**次回購入に向けての最初の接客**です。ずっと通い続けてもらうお店ではとても大切な接客場面です。

07

顧客情報を活用した接客

担当スタッフの記憶に頼りすぎるのはNG！ お客様が関わったシーンを記録して、積み重なる接客を届けよう。

私が最初にお店の固定客づくりに興味を持ったのは、今から17年前、24歳のときに関わりはじめた地元の化粧品店でした。私が取材でお伺いした地元の化粧品店には、顧客台帳を活用した接客が当たり前のように行なわれていました。

そこで驚いたのが、使っている顧客情報の中身の濃さです。お客様の購入した商品の履歴はもちろん、お客様の化粧品の好み、お肌のお悩み、旅行歴、ペットの名前などのプライベート情報も記録してあり、それらの情報をもとに、お客様と次のような会話を交わしていました。

・買ってくれた商品情報を切り口に……

スタッフ「先月購入された、秋・冬のファンデーション、つけ心地、いかがでしたか？」
お客様「そうね。伸びやすくて、いいわね。ただ、コンシーラーとの相性がね……。ちょっと聞いてみていいかしら」

・肌のお悩み情報を切り口に……

スタッフ「去年、『毎年冬になると肌がカサカサになって困っている』とおっしゃっていましたが、今年はどうですか？」
お客様「そうなのよね。今年もそろそろ、カサカサしはじめたかしら……。どんなお手入れがいいかしらね」

・プライベート情報を切り口に……

スタッフ「先日、日光に日帰り旅行に行くとおっしゃっていましたが、いかがでしたか？」
お客様「そうそう。その日はお天気がよくてね。お昼に天ぷらを食べたんだけど、それがおいしくてね〜。それが一番印象に残っているわ」

スタッフ　「ワンちゃん、お元気ですか？　お名前、ミミちゃんでしたよね」
お客様　「実はミミちゃん、先週お腹を壊してしまって、大変だったのよ」

こんな接客を受けられるお店は、なかなかないですよね。地元で繁盛している化粧品店には、10年間通い続けるお客様がたくさんいました。

ここまで行き着くための2つの壁

このような顧客情報を活用した接客を行なうためには、2つの壁があります。1つ目の壁は顧客情報を記録しておくこと、2つ目の壁はその情報を使った接客を行なうことです。

①顧客情報を記録しておく

そもそも、「顧客情報」とは何でしょうか？　お店・スタッフとお客様が関わったシーンを記録として積み重ねたものです。スタッフ個人の記憶には限界がありますし、担当スタッフが休みだったり、退職する場合もあるので、記録に残すことは絶対に必要です。

顧客情報は大きく分けて3つあります。1つ目は名前や住所、メールアドレスなどの基本情報、2つ目は購入してくれた商品情報、3つ目はお客様の好み、お悩み、プライベート情報です。

10年通い続けてもらうには、3つ目の情報がポイントです。基本情報や購入商品の情報は大手チェーン店でも実施されているので、あまり他店と差が出ません。一方、3つ目のお客様の個別的な情報は、大手チェーン店ではそれほど熱心に収集されていません。やっていても個人のメモレベルであることが多いので、小さいお店にとってはチャンスです。

顧客情報の蓄積の仕方は、アナログの顧客台帳を使うアナログのパターンと、パソコンを使ったデータベースの2つのパターンがあります。

②顧客情報を使った接客を行なう

私は数年前まで、ある百貨店で靴を定期的に購入していました。しかし、毎回「どんな靴をお探しですか?」と、新規客と同じように接客されます。

「何回もこの店で買っているのに……」という寂しい気持ちになり、他店で購入するようになりました。この百貨店はポイントカードで私が何を買っているのか、購入履歴を把握していますが、接客には活かされていません。実際、10年通い続けることはありませんでした。

皆さんも、同じような経験があるのではないでしょうか？　顧客情報を入手していても、接客に活用していないお店が意外と多いのです。

あるスーツ専門店では、お客様一人ひとりにお客様カードがあり、それをファイリングしたお客様台帳があります。お客様カードには、住所・名前・連絡先はもちろん、今まで購入したスーツのサイズ・種類・生地の一部が貼り付けてあります。

このお店では、接客中にタイミングよく「当店でスーツを購入されたことはありますか？」と尋ね、購入したことがあれば名前を伺います。そして、お客様台帳からお客様カードを抜き出し、それを見ながら接客します。

「毎年お買い上げいただき、ありがとうございます。2月に紺のスーツをお買い上げいただいたのですね。これから暖かくなりますので、今度は少し明るい色にしてみてはいかがでしょうか？」といった接客が行なわれています。

ポイントカードを実施しているお店の場合

ポイントカードを発行しているお店では通常、カードは会計時に出してもらいます。これでは、記憶力抜群の一部のスタッフを除いて、購入履歴を活用した接客はできません。すでに買い物が終わっているからです。

ポイントカードは、**いかにして接客中に提示していただくかが重要**です。それには、お客様へのお願いトークとタイミングが鍵になります。

トークは「当店のカードをお預かりしてもよろしいですか。お客様台帳をお持ちします」と声かけしましょう。タイミングは、接客をする中でお客様が「本日商品を購入しに来た」ことを確認できたときです。その前に実施すると、「今日はただ商品を見に来た」場合、お客様にプレッシャーをかけてしまいます。

このトークの実践にあたっては、取り扱い商品・客層によってアクションが違うので、スタッフ同士で話し合いましょう。

顧客情報の記録や、顧客情報を使った接客を行なっているお店はどのくらいあるでしょうか？　実施すれば必ず、10年通い続けるお客様を増やすことができます。

CHECK！❸ 接客

- ☑「こんにちは」をキーにした挨拶で、お客様との会話がはじまる。
- ☑ 新しいお客様、中くらいのお客様、固定客別にアプローチする。
- ☑「このお店に任せておけば、大丈夫」と思ってもらうためにヒアリングする。
- ☑ ネット時代の商品紹介は、身近な専門家としての視点がポイント。
- ☑ 最後の一押しをしすぎるのはマイナス。
- ☑ 会計時に商品の使い方・お手入れ方法を伝えることで、次回購入につなげる。
- ☑ 顧客情報は接客で活用してこそ、意味がある。

お店の想いを伝える「ツール」

4章

01

新規獲得ツール

お店の想いをお客様の疑問・不安に答える形で、お店の周りに住んでいる人、働いている人に届ける。

皆さんは、なぜお店を開いたのでしょうか？

なぜ、お店をずっと続けているのでしょうか？

なぜ、その地域・エリアを選んだのでしょうか？

お店のどんな想いをお客様に届けたいと思っているのでしょうか。

洋服屋さんであれば「デザインにこだわりがある北欧の洋服を着て、心地よい毎日を過ごしてもらいたい」、家具屋さんであれば「艶やかな色を使った家具で、楽しいリビング空間を届けたい」、居酒屋さんであれば「素材にこだわったおいしい料理とお酒で仕事の疲れを癒してあげたい」……それぞれの想いを持っているでしょう。

お店のこと、どのくらいの人が知っていますか？

そんな皆さんの想いを知っている人は、地域に何%くらいいるでしょうか？　10%？　20%？　50%いるでしょうか。

全国展開していない小さいお店は、どんなに魅力的なお店だったとしても、思ったほどお客様に知られていません。お店があることは知っていても、どんなお店なのか、どんな商品・サービスを届けているのか、具体的に知っている人はさらに少ないでしょう。

お店のことをよく知っていてお店に来ないのなら仕方のないことですが、**知らずにお店に来ないのは、実にもったいない**ことです。

お店の想いをお店の周りに住んでいる人、働いている人に知ってもらって、お店に来るかどうかの判断をしてもらいませんか？　新しいお客様に来てもらうために、広告やチラシなどで積極的に伝えていきましょう。

お客様の期待・不安に想いを馳せる

具体的にどんな広告を打とうかなと思った方も多いと思いますが、ちょっと待ってくださいね。まずは、広告を受け取るお客様は、自分が知らないお店、詳しく知らないお店に対して、どんな風に思っているのか把握することが大事です。

お客様は、次ページのような**いろいろな期待・不安をお店に対して持っています。**皆さんも1人のお客様として、興味はあるけどまだ来店したことがないお店を思い浮かべてみてください。きっと、同じような期待・不安を感じているでしょう。

そんなお客様の期待・不安に想いを馳せたうえで、広告を考えることが大事です。そうしないと、想いを伝えたとしても、お客様に伝わらない、ただの自己主張、自己満足に終わってしまうからです。

どんなメッセージを伝えるかを決める

次は、そんなお客様の期待・不安に応えるために、具体的にどんなメッセージを伝える

来店したことがないお客様の気持ち（期待・不安）

❶ 業界・場所
「何のお店なんだろう？」「どこにあるんだろう？」

❷ 客層との適合（レベル・年齢等）
「どんなお客様が通っているんだろう？」

「私、場違いじゃないかしら？」

❸ お店の想い
「お客様にどんなことを届けたいお店なんだろう？」

❹ 歴史・創業のきっかけ
「どれくらい続いているお店なんだろう？」

「どんな気持ちでお店をはじめたんだろう？」

❺ 商品・サービスの特徴
「どんな商品・サービスを扱っているんだろう？」

❻ 他店との比較
「他店と比べて、どこが違うんだろう？」

❼ 雰囲気
「お店の中って、どんな雰囲気なんだろう？」「親切なお店かな？」

❽ 人・キャラクター
「どんな人が、どんな気持ちで働いているんだろう？」

❾ 料金
「いくらかかるんだろう？」「どのくらいの価格帯なんだろう？」

❿ お店の基本情報
「何時から何時までやっているんだろう？」「お休みは？」

のか、考えることが大事です。

大事と言われても、具体的にどんなメッセージを伝えたらいいのか、わかりづらいと思います。次ページでは、お客様の期待・不安に対するチラシのメッセージを地元のダイエットサロンを例に示しました。これらのメッセージ例を参考に、自分のお店のメッセージを考えてみましょう。


「広告を打つ前にこんなことをいちいち考える必要があるの?」と、ちょっとまどろっこしく感じた人もいるでしょう。正直、面倒なことなのですが、ここが大事なポイントなのです。

これをあまり考えないお店の広告、チラシは、だいたい競合店と同じような内容になってしまいます。それでは反応が悪くなり、資金が限られる小さいお店では、継続して実施できません。

10年通い続けるお客様をずっと増やしていくお店では、一定量の継続的な新規客の獲得が欠かせません。そのためにも、お客様に想いを馳せた新規獲得ツールを作成して実践していきましょう。

お客様の期待・不安に応えるチラシのメッセージ例

お客様の期待・不安	メッセージ
1 業界・場所	癒しのエステ、カラダに優しいダイエット、サイズダウンのインナーをお届けしているサロン。場所は○○町○○から○○分。
2 客層との適合	30代・40代・50代のお客様が中心。サロンというとカラダに特別に意識が高い人が多いと思われがちだが、お客様は普通の女性。
3 お店の想い	お客様のカラダ・心が本当に癒されてほしい。お客様に結果を出してほしい。結果が出て、今より元気になってほしい。
4 歴史・創業のきっかけ	オーナーの私は、もともとは○○をしていた。そこで○○なことがあったことがきっかけで、○○地域の女性に、○○をお届けしたいと思い、○年にサロンをオープン。早○年が経った。
5 商品・サービス特徴	癒されながらスリムになれる。サイズダウン、ダイエットに成功したお客様が多数いる商品。
6 他店との比較	お客様の多くが普通のサロンよりも、気持ちよさと効果を実感。普通のインナーよりもカラダにフィット。苦しくないのに、キレイに見える。
7 雰囲気	親切で、楽しくて、リラックスできる。家庭・職場以外の3つ目の居場所。真剣に悩みを聞いてくれる、頼りがいがあるサロン。
8 人・キャラクター	スタッフのAさんは○○出身で、○○が趣味で、仕事では○○を特に大切にしている。○○がきっかけでこの仕事についた。
9 料金	○○円～。只今、キャンペーン中で○○円。
10 お店の基本情報	地図（わかりやすい地図が大事、広域、近隣の2つの地図）、営業時間（○時～○時）。定休日（○曜日）。

02

既存客向けツール

情報をそのまま届けるのではなく、お店の想いを情報に込めることで、既存客の来店頻度を高める。

すでに多くのお店では、ＤＭやメールマガジン等を活用して、既存客に新商品の情報、セール情報、売れ筋商品の情報を届けているでしょう。それは素晴らしいことなのですが、情報を届けているから既存客にしっかり伝わっているかというと……残念ながら、なかなか届いていない場合もよくあります。

例えば、あなたのお店が洋服店だとすると、普通の既存客は、他店でも洋服を買っています。他店からもＤＭやメールマガジンなどが届いている可能性があります。また自動車ディーラー、ブランドショップ、旅行代理店、美容室、加えてネットショップなど異業種のお店からも情報が届いている現実があります。

お客様は、情報の洪水の中にいるのです。

皆さんのお店からお客様に届けた情報は、**たくさんの情報の波をくぐり抜けて、きちんと届いているでしょうか？**

1人のお客様の立場で考えてみましょう。商品を購入したお店から送られてきたＤＭを、封を切らずに捨ててしまった経験、ありませんか？　皆さんが送ったツールは、そうならないようにする必要があります。

そのためには、ＤＭ・メールマガジンなどの既存客向けツールの「質」と「数」がポイントになります。

既存客向けツールの「質」を高める

まずは、自店のツールの質を確かめましょう。具体的には、一つひとつの情報の伝え方、事実をそのまま届けるのではなく、**お店の想いを込めて届けているかどうかを確かめる**のです。

お店の想いがお客様に届かなければ、いくらＤＭ、メールマガジンなどのツールを送っても、お客様の心を通りすぎてしまい、記憶に残りません。

例えば、新商品の情報を伝える場合、普通に写真・スペック・価格を伝えるだけではなく、**スタッフが試用した感想や、座談会形式で他商品との比較情報**を届けることで、お店の想いが伝わる内容になります。

毎年同じ時期に、創業記念キャンペーンをやっているお店があったとします。お店としては毎年開催しているので、キャンペーンの告知のみ（時期・内容）をコンパクトに伝えてしまいがちです。

そこで、「そもそもどうして創業したのか」「創業記念キャンペーンはなぜ実施しているのか」「どんなきっかけではじまったのか」「昨年の反応はどうだったのか」も伝えるようにしましょう。キャンペーンの情報に、お店の想いを込めてお伝えするのです。

具体的にどんな情報の伝え方がよいのか、具体的な事例で紹介します。123・124ページは、兵庫県神戸市の化粧品店ピジョンさんのニュースレターの一部です。新年の挨拶や季節のイベントなど、親しみやすさを打ち出した内容になっています。

皆さんも、自分のお店で既存客に出しているDM、メールマガジンなどの質を確かめてみてください。**ツールの質を高めるのには、新たにお金はかかりません。**

お店の想いが込もったニュースレター例①

料金後納
郵便
ゆうメール

福はうちー
今年の恵方は
西南西！

TEL

こんにちは！ピジョンです！
今年、最初のお便りになります。
本年も、どうぞ宜しくお願い申し上げます。
元気いっぱいで頑張ります♡
ヒロコ・マキコ・ひめ

今年も福が
やって来ますように

福は
うちー♡

お知らせ
※2/11(水)通常営業
2/12(木)臨時休業 致します。

ぬくぬくHappyセール

1月24・26・27・28・29・30・31
(土) (月) (火) (水) (木) (金) (土)

カバンの中に
マスクを…
ポイッみっとしてませんか?!

ご来店の皆様全員に！
エチケットマスクケースを
プレゼント!!
かわいい♡動物柄!!
マスクやティッシュを収納でき、
とっても便利です!!

期間中、お化粧品を3,000円
お買い上げ毎に、ぬくぬく和柄くつ下カバーを
プレゼント!! 同封のハガキに10足柄が詳しく
載っています♡ ご覧下さいネ!!
裏起毛でぬくぬく♡スベリ止め付きです〜♪

〈お知らせ〉
1/24(土)占いの日！ 安井先生ご来店
午後からのお時間まだ空いてまーす!!
※お一人様 約30分〜40分。ご予約制です(完全個室)
※当日、お化粧品を¥10,000円以上お買い上げの方に限らせて頂いております。
ご了承下さいませ。

お店の想いが込もったニュースレター②

―簡単にキレイに仕上がるアイテムご紹介―
「あれ？また、くまだ…」なぁーんてことありませんか?!
ミーーッ
その気になる…
くま・しみ
㊙で隠します!
おまかせ下さい
くまにはくま用コンシーラー
くまを自然にカバー。
トントントンとするだけ!
明るく、うるおうので日中の目元ケアまでしてくれます!
LISSAGE
2色 ¥2800エン
〈リサージ アイクリアコンシーラー〉
厚ぼったくならずに、ツヤが出て日中の肌を守ってくれます
ソバカス・赤み広い面には面用コンシーラー
指でトントンと広げるだけ!
なじみが良くパッと表情まで美しくします!
のびが良いので使いやすいです
3色 ¥5,000エン
〈リサージボーテ面コンシーラー〉
小さなシミ・ニキビ跡など点のトラブルには点用コンシーラー
ペン先でチョンチョンとのせるだけ!
簡単で優秀です
LISSAGE BEAUTÉ
3色 ¥3,000エン
〈リサージボーテ点コンシーラー〉
そしてヨレない崩れさせない
秘《コツ》はコレ!!
ピタッと
コンシーラーをしっかり定着!
カバーした部分をぼかして、より自然に仕上げるパウダー。
その名も リサージボーテ「定着パウダー」
3色
¥3000エン (ケース付)
つめ替え ¥1500エン
スポンジ

既存客向けツールの「数」を増やす

既存客向けのツールは、質を高めるだけではなく、数も重要なポイントです。

次ページは、オーダーメイドの紳士服店と化粧品店が既存客向けに届けているツール一覧です。お客様にずっと来てもらうために、さまざまなツールを届けています。

皆さんのお店では、既存客に向けて、いくつツールを届けていますか？　数が多ければ、それだけ時間もコストもかかるので多ければ多いほどいいというわけではありませんが、10年通い続けてもらうお店ではある一定の数は必要です。

自店では、1年間を通じてどのくらいの数のツールを届けるのか、考えてみましょう。10年顧客を育てる代表的なツールとして、ニュースレター、メールマガジン、購入お礼レター・メール、ご無沙汰レター・メールなどがあります。

もちろん、業界によって大事なツール（自動車ディーラーの点検ハガキ、歯医者さんの定期診断ハガキ、アパレルショップの夏と冬のセールハガキ等）もありますので、それをプラスして考えてください。

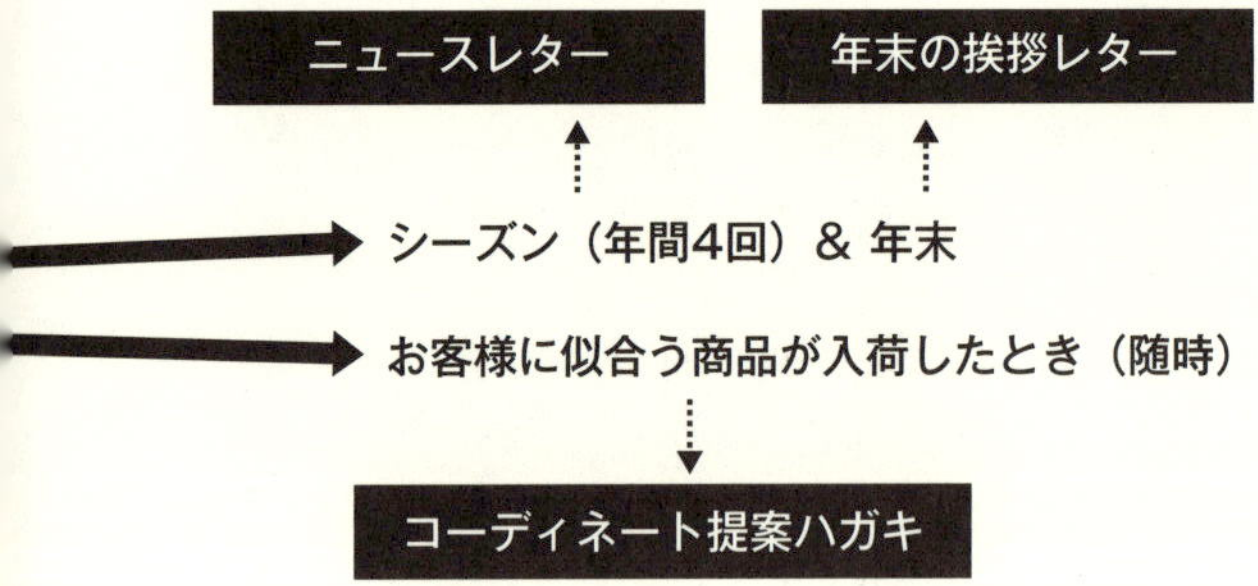
ニュースレター
年末の挨拶レター
シーズン（年間4回）& 年末
お客様に似合う商品が入荷したとき（随時）
コーディネート提案ハガキ

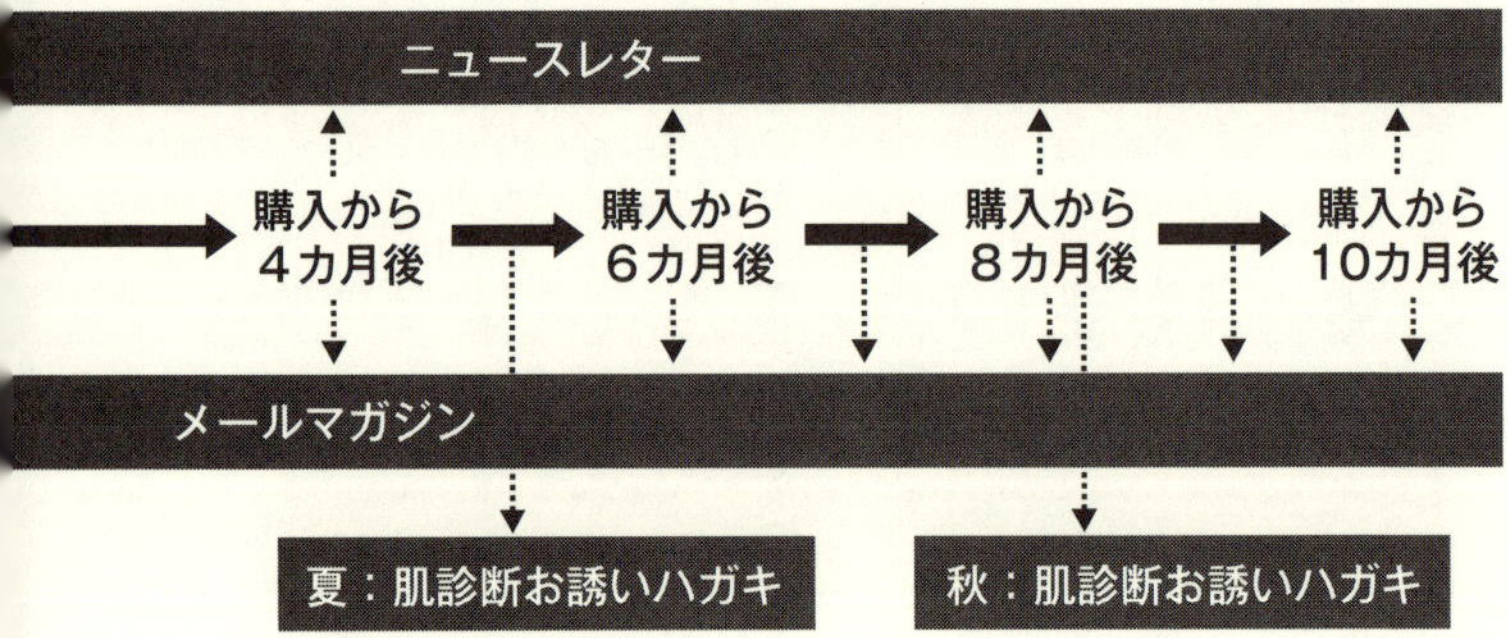
ニュースレター
購入から4カ月後
購入から6カ月後
購入から8カ月後
購入から10カ月後
メールマガジン
夏：肌診断お誘いハガキ
秋：肌診断お誘いハガキ

既存客向けのツール展開

オーダーメイドの紳士服店

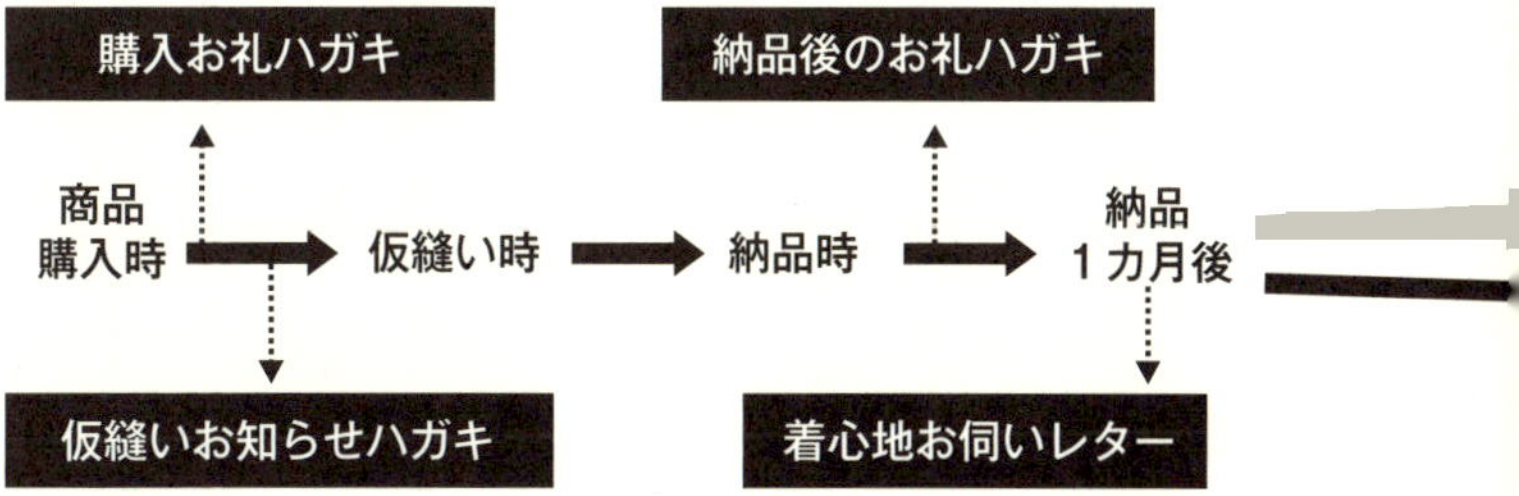

化粧品店

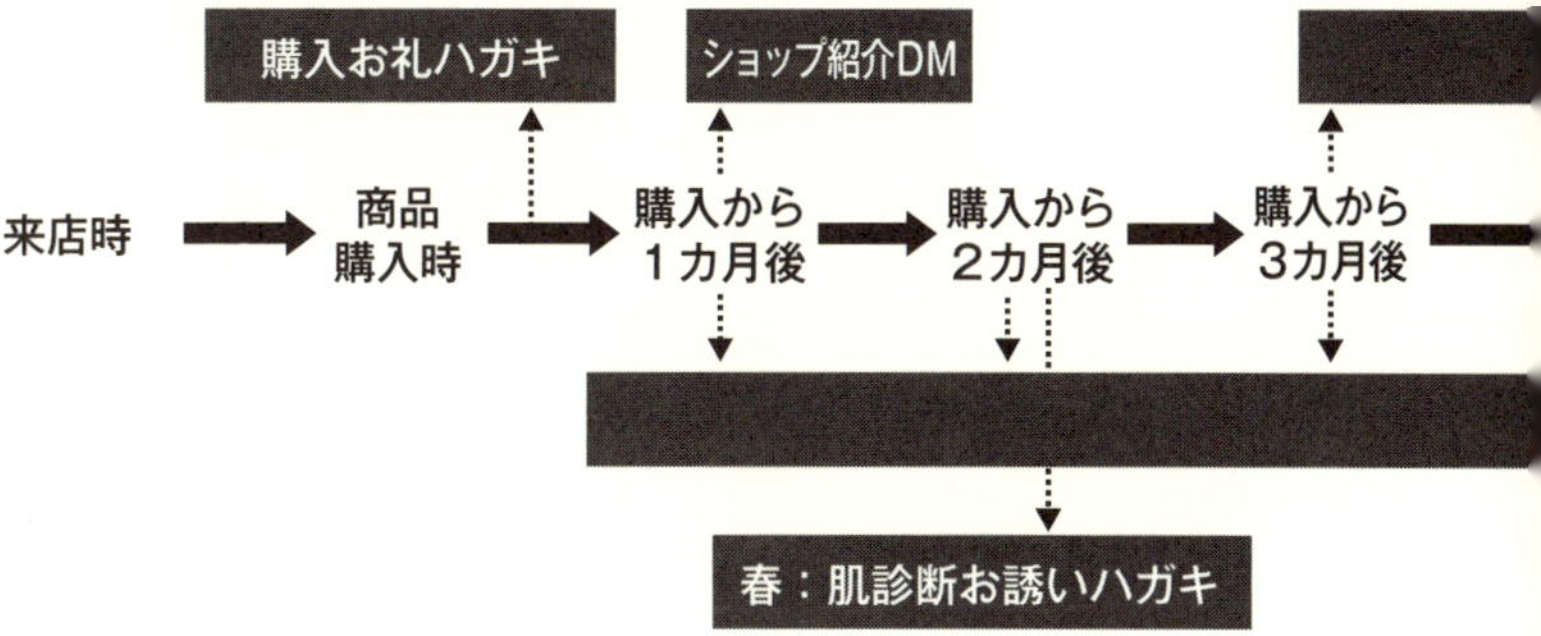

03 固定客向けツール

固定客一人ひとりに、お店・スタッフの想いを見える化したパーソナルなメッセージを届けて、ずっと通ってもらう。

固定客とは、どんなお客様でしょうか？　高額商品がメインではない一般的なお店（1回あたりの購入金額が3万円以内）では、固定客の基準を年間購入金額10万円以上と設定しているところが多いようです。

皆さん、自分が1人のお客様として1年間10万円使っているお店、いくつありますか？　なかなかないですよね。

お店の固定客が50人いるとします。お店からすると1人の固定客ですが、お客様にとっては、10万円以上お金を使っている唯一のお店かもしれません。**お店が思っている以上に、固定客はお店のことが大好き**なのです。

そんな固定客の気持ちに、お店・スタッフはできる限り応えなければなりません。「1人のお客様（固定客）のお店への想い」と「お店の1人の固定客への想い」の量を比べて、前者が大きいと、お客様の片思いになってしまいます。片想いは、長続きしません。

お店の想いをパーソナルメッセージで「見える化」する

お客様の片思いにならないためには、どうしたらいいのでしょうか？

お店の想いを一人ひとりの固定客に届けるには、パーソナルメッセージで伝えましょう。

パーソナルメッセージとは、「固定客一人ひとりのパーソナル（個人的）な内容を含んだメッセージ」で、それをレター・メールなどを使って「見える化」することが大切です。

パーソナルメッセージを伝えるツールには、大きく4種類あります。

①購入お礼レター・メール

商品購入後に、購入お礼レター・メールを送ります。最もオーソドックスなパーソナルメッセージです。「購入お礼」の他、「購入までの経緯（エピソード）」、「購入商品の使い方（お手入れ方法）のアドバイス」を内容にします。

購入お礼レターの例

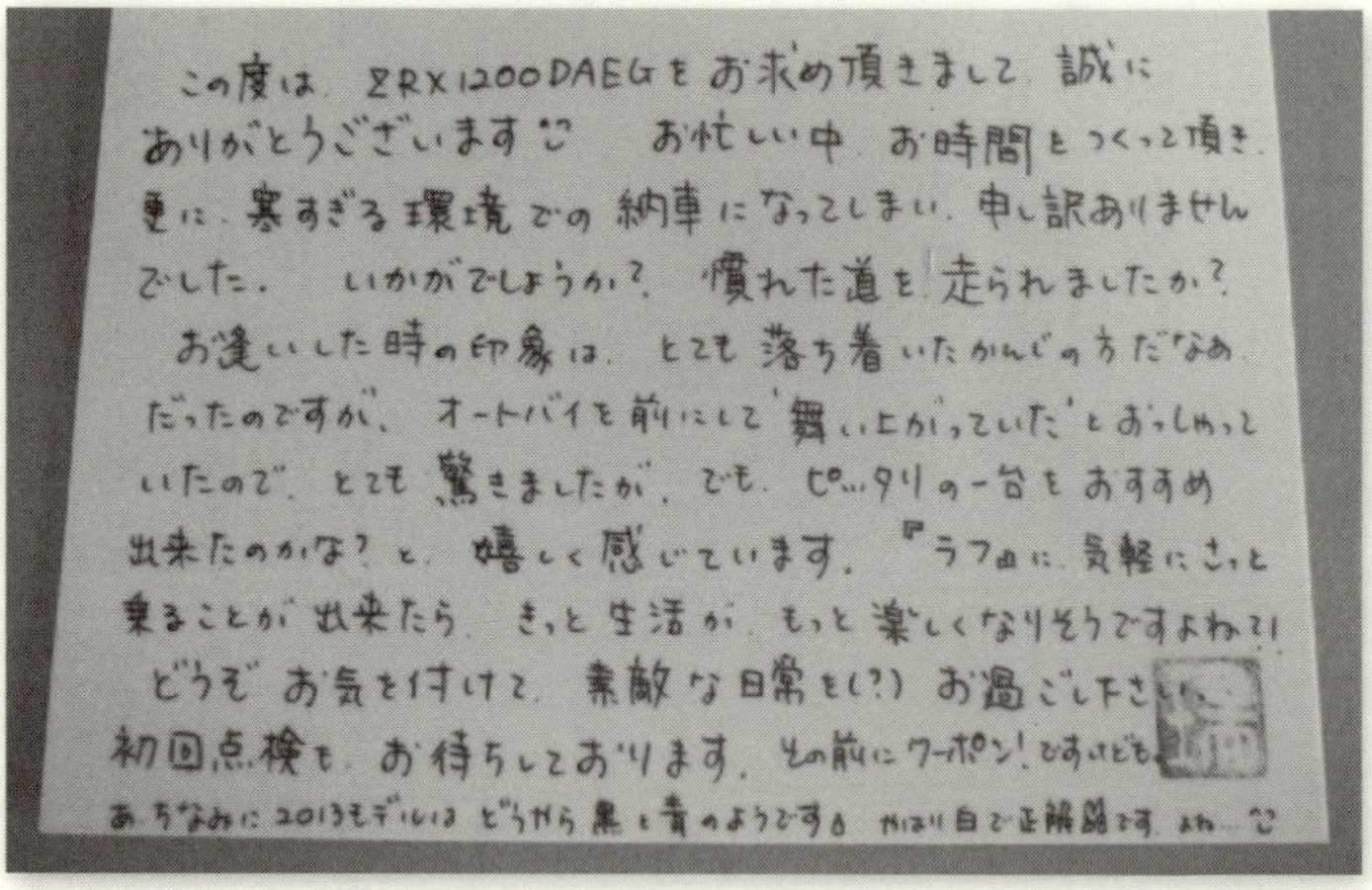

この度は、ZRX1200DAEGをお求め頂きまして、誠に
ありがとうございます☺ お忙しい中、お時間をつくって頂き、
更に、寒すぎる環境での納車になってしまい、申し訳ありません
でした。 いかがでしょうか？ 慣れた道を走られましたか？
お逢いした時の印象は、とても落ち着いたかんじの方だなぁ
だったのですが、オートバイを前にして'舞い上がっていた'とおっしゃって
いたので、とても驚きましたが、でも、ピッタリの一台をおすすめ
出来たのかな？と、嬉しく感じています。『ラフ』に、気軽にさっと
乗ることが出来たら、きっと生活が、もっと楽しくなりそうですよね？！
どうぞお気を付けて、素敵な日常を(?)お過ごし下さい。
初回点検を、お待ちしております。その前にクーポン！ですけども。
あ ちなみに2013モデルは どうやら黒と青のようです。 やはり白で正解です よね…☺

長野県上田市のバイクショップ北澤モータースさんの購入お礼レター。お礼はもちろん、お客様とのエピソードもたくさん書かれている。

例えば、ブティックで革製のバッグを購入してもらった場合、購入するまでのエピソード、デザイン・縫製の特徴、クリームなどを使ったお手入れ方法、雨に濡れてしまったときの対処法が内容になります。

飲食店では、注文したメニューの中で、特に満足度が高かった料理について、素材・調理法へのこだわりを伝えましょう。

②来店お礼レター・メール

同じお店でも、サービス業と飲食業は「来店＝購入」ですが、小売業は来店しても購入に至らない場合があります。その場合でも来店自体のお礼メッセージをお届けしましょう。通常のお店は実施していないので、お客様の印象に残ります。

「来店お礼」の他、「お客様が関心を持っていた商品について接客時に説明した内容」「そのときに説明できなかった隠れた特徴」などを内容にします。来店お礼レターは、高級ブランドショップでよく行なわれています。

③お誕生日レター・メール

お客様一人ひとりにメッセージを送るタイミングとして最も有効なのが、そのお客様ならではの記念日です。フレンチレストランなら「結婚記念日」、ペットショップなら「ワンちゃんの誕生日」ですが、普通のお店であればお客様の「誕生日」でしょう。

固定客向けの誕生日ハガキの反応が80％を超えるお店も珍しくありません。メッセージ内容がただのお得訴求だったら、そこまでいきません。固定客一人ひとりに対する想いがきちんと見えるようになっていることがポイントです。

④新商品入荷告知レター・メール

ある固定客のお客様の好みにあった商品が入荷したら、そのお客様にパーソナルなメッセージを届けましょう。

あるお店でクリスマスカードに固定客の好みにあった商品をお知らせしたところ、30％以上の来店がありました。一律のクリスマスセールのメッセージよりも反応が大きく上がりました。

美容室の固定客向けお誕生日レター

〇〇さん、お誕生日おめでとうございます！

早いもので、〇〇さんが私たちの美容室にはじめていらした時から●年が経っていますね。

はじめていらした時のこと、今でも覚えています。最初は、△△でお悩みになってのご来店でしたね（◎◎さんのご紹介でした）。はじめてお会いしたのに、とても□□な印象を持ったことを覚えています。

また一昨年前は、ご友人の結婚式の前にセットに来ていただいて、とても喜んでくださったのを昨日のように思い出します。

先日は、秋キャンペーンにおいでいただき、ありがとうございました。ご購入いただいた□□□はいかがでしょうか？
次回おいでいただいた時に感想をお聞かせくださいね。

これからも、おしとやかで、元気な〇〇さんでいてくださいね。
お手伝いできることがあれば、嬉しいです！

当美容室では、〇月誕生日の皆様に、素敵なプチプレゼントをご用意しております。お時間のある時に、お店に足をお運びいただければ幸いです。

※プレゼントの進呈は、〇月末までとさせていただきます。

お客様がはじめて来店してから今までの時間軸をキーに書かれたお誕生日レター

新商品入荷の告知メール例

新商品入荷のご案内
□□様
宛先：○○

□□様、お久しぶりです。○○店の○○です。
毎日暑い日が続きますが、お元気でいらっしゃいますか？

今日は、□□様がお好きそうな秋の新作ジャケットが入ってきたので、いち早くご紹介いたします。

①中綿が取り外しできる、②高級感のあるコーデュロイ素材、③高めの襟が特徴的など、魅力的なジャケットです。
入荷数も少ないため、ぜひお早めにいらしてください。

ちなみに私の出勤日は、9/18、19、20、21、23、26、27、28、29、31 です。□□様にお会いできるのを楽しみにしております！

○○店　○○

アパレルショップのお客様の好みに合った新商品入荷の告知メール。

パーソナルメッセージ作成のポイント

これまでの事例で伝わったと思いますが、パーソナルメッセージは、メッセージから**「お店からの気遣い」を感じる、親しみやすいソフトな文章**にすることがポイントです。なれなれしくても、堅すぎても想いが伝わりません。

また、レターの場合は、料金別納郵便や官製ハガキは使わず、お店のイメージに合った記念切手・ハガキ用紙を使いましょう。和のショップなら、国宝の記念切手や、和紙のハガキなどがいいですね。

手書きかどうかは、どちらでもＯＫです。メッセージの内容を重視してください。

私のクライアント先では、すべての固定客に通じる内容はプリントして、その固定客ならではのパーソナルメッセージを３行くらい手書きでプラスすることが多いです。

04

SNS

SNSでスタッフ一人ひとりのキャラクターを発信して、お客様と関係が深まるまでの時間を短くする。

これからは小さなお店でも、接客、売場、看板、POP、チラシ、DMといったアナログ系の活動に、ネット系の活動を加えることが大事になってきます。お客様がネットメディアに触れている時間が年々増えているからです。

今まで中心だったホームページやブログ、メルマガに、フェイスブック、ツイッター、LINEなどのSNSを加えることで、**お客様がお店の情報に接触する場面を増やしていきましょう。**

本来、フェイスブック、ツイッター、LINEなどのSNS（ソーシャルネットワークサービス）は、「一人の個人が他の誰か（友人・友人の友人）と情報を交換する」ツールです。

ここ数年SNSが盛り上がり、サイトのアクセス数が増え、広告媒体としての意味が生まれている状況です。

しかし、基本的には、SNSは集客やマーケティングのためのツールではありません。お店としては、結果として集客・マーケティングとしての効果を狙うのですが、それをSNSでダイレクトに発信してしまうと、反応・効果が少なくなってしまう傾向があります。

10年顧客を育てるためのSNSの位置づけ

SNSは、スタッフ一人ひとりとお客様一人ひとりとの関わりを深めていくのに適したツールです。お互いがお互いのことをよく知り、関係が深まれば、10年通い続けてもらいやすくなります。

したがって、SNSは組織として活動している全国チェーン店よりも、**スタッフ個人を中心とした小さいお店のほうが相性がよく、使えるツール**です。

各ＳＮＳの特徴とお店の実践事例

■フェイスブック

特定のお客様との関係を深める、その関係性を他の人にアピールするのに適している。

（例）東京都内にあるイタリアンレストランでは、お店でフェイスブックのチェックインをすると、スタンプがもらえて、３個たまるとデザートが無料になる。

■ツイッター

リアルタイム性のある、お知らせ・販促のアピール、口コミの拡散に適している。

（例）ラーメン屋さんの雨の日セール、新メニュースタートの告知

■ LINE

本当に仲がよい人達、特定ニーズのグループ内で連絡を取り合うのに適している。

（例）バイクショップのツーリング告知

お客様との関係を深めていくためには、スタッフのことをお客様によく知ってもらうことが近道になります。

その手段は、ＳＮＳだけではなく、接客、名刺、スタッフ紹介ボードなどでもできますが、多くのお客様にまとめて、随時届けることができるのがＳＮＳの大きなメリットです。

では、具体的に10年顧客を育てるお店では、ＳＮＳでどんな投稿をすればいいのでしょうか？

投稿内容① スタッフ個人の日常を投稿する→通常時の来店数アップ！

自分のことを知ってもらうために投稿するとはいえ、あくまでも仕事を切り口に投稿することが大事です。発信する情報の内容は、お店での出来事（「看板を変えた」「POPをつけた」「キャンペーンをはじめた」「こんな商品が出た」「お客様からこんな質問があった」など）を丁寧に発信していきます。特別なことである必要はありません。お店の何気ない日常をベースにします。

情報の黄金バランスは**「お店の価値観や商品の周辺情報：商品や販促情報：プライベート情報＝3：1：1」**くらいがいいでしょう。時々、プライベート情報ばかり投稿している人がいますが、仕事内容から個人のキャラクターを伝えるようにしましょう。

更新の頻度は、フェイスブックは週に2～3回の投稿、ツイッターは1～2日に1回のつぶやきが基準になります。

さらに、投稿内容をSNS上の友達・フォロワーに、シェア・リツイートしてもらうことも意識しましょう。そのためには、今まで関係がなかった「友達の友達」が見たときに、意味がある投稿内容であることがポイントです。

代表的なものとしては、①ためになる内容、②写真がキレイ・かわいい、③面白い情報が挙げられます。ここでは、私が関わった写真店の「写真付き年賀状の販促」の例で解説します。

①ためになる内容

「もらってうれしい年賀状5つのポイント」「年賀状に使う写真の選び方」など、お客様やお客様の友達が見て、ためになる内容を投稿します。

②写真がキレイ・かわいい

「この写真を年賀状で使う予定です」という投稿で、見惚れる写真（風景）、かわいい写真（動物・赤ちゃん）を掲載し、シェアしてもらいます。

③面白い情報

「年賀状を2人で同時に注文してくださったお客様に、○○（ネットでちょっと話題の地元ゆるキャラのシールなど）をあげちゃいます」などネット上でネタになることを狙った展開です。

ただ、投稿内容をSNS上の友達・フォロワーに、シェア・リツイートしてもらうことは簡単なことではありません。そこでご提案したいのが、お店の現場を絡めた展開です。お店で年賀状をお客様にお渡しするタイミングで、お客様に年賀状ができあがったことや、その感想をお客様ご自身のSNSにアップしてもらい、友達の友達に年賀状の告知を広げてもらう展開です。お客様が投稿しているので、お店の宣伝色がありません。

例えば、

「○○さん、年賀状ができあがっています。そういえば、SNSやっていますか？『年賀状ができたこと』『年賀状の出来』を投稿していただけるとうれしいのですが……」

といったお願いをします。

お店を応援したい気持ちがあるお客様だったら、OKしていただけることも多いでしょう。こんなことをお願いできるのも、小さいお店ならではですね。

投稿内容❷　イベント・セール告知を段階的に投稿する→イベントの来店数アップ！

イベント・セールの告知・集客は大きく、①事前告知→②本格告知→③最終告知の3つのステップに分かれます。この3つのステップをベースに段階的に投稿しましょう。

	7週間前
	今回の試乗会について店長のコメント・想い
	試乗会のタイトルが決定しました！

	5週間前	4週間前	3週間前
	試乗車が決定！	昨年・前回の試乗会の模様（写真）	楽しいイベント、今回もやります！
	試乗車の試乗感想を丁寧に伝達	今回の試乗会についてのスタッフコメント	現在の事前予約状況のお知らせ

	1週間前	2～3日前	前日＆当日
	最終の申込の呼びかけ	準備万全です！①（スタッフ会議の写真）	お店の飾りつけ（のぼり設置等）の模様
	試乗会、お忘れではないですか？	準備万全です！②（来店特典準備の写真）	あと1時間でスタート！（当日参加もOK）

SNSを活用した自動車ディーラーの試乗会告知例

＜投稿内容・テーマ＞

	8週間前	
STEP1 事前告知 （1.5カ月前）	試乗会、やります！	
	日程が正式に決まりました！	

	6週間前	
STEP2 本格告知 （1カ月前〜半月前）	開催概要の紹介	
	事前予約のお願い （お待たせしないために）	

	2週間前	
STEP3 最終告知 （2週間前〜当日）	来店特典・プレゼントのお知らせ	
	購入特典・プレゼントのお知らせ	

前ページは、自動車ディーラーの試乗会をテーマにした投稿アイデアです。SNSを活用したイベント・セールの段階的な告知にお役立てください。

お店での告知も大事

小さなお店の場合、既存のお客様、地元の見込み客を合わせて、フェイスブックの友人・ファン300名、ツイッターのフォロワー300名を獲得できると、SNSで商品を紹介したときにお店で質問されることが増えたり、集客の後押しになったりと、具体的な反応が見えてきます。

1日に2人増やしていけば、半年間で実現可能な数ですね。そのためには、お店でのお声かけ、POPでの告知が欠かせません。

お店での SNS 告知トーク例

お店でフェイスブックをやっています。ぜひ、「いいね！」をよろしくお願いします。
お店のホームページにも投稿がアップされているので、ご覧くださいね！

ツイッター・LINE で、期間限定セールや雨の日セールの情報をお届けしています。
今日ご登録いただくと、○○をプレゼントします！

CHECK！④ 接客

- ☑ はじめての来店を促すには、お客様の期待・不安をつかむことからスタート。
- ☑ 既存客向けのツールは「質」と「数」が重要。
- ☑ 固定客にはパーソナルなメッセージを届ける。
- ☑ ＳＮＳでスタッフのキャラクターを知ってもらう。

5章

お客様にトコトン楽しんでもらう「イベント」

教室イベント 01

お客様の商品への理解・興味を深めて、消費の優先順位を上げてもらおう。

お客様に10年間ずっと通い続けてもらうためには、お店が扱っている商品（サービス）への理解・興味を深めてもらうことが大事です。

例えば、自動車ディーラーであれば「車そのもの」「自社ブランド」「車のある生活」、靴屋さんであれば「靴そのもの」「靴の最適なコーディネート」、呉服店であれば「着物」「和の装い」などの理解・興味を深めてもらいます。

自店の商品の理解・興味を深めてもらえれば、お客様の日々の生活、もっと広く捉えると**人生の中での優先順位が上がります。**そうすれば、数ある商品の消費の中での優先順位も上がり、お店にずっと通い続けてもらえます。

商品の理解・興味を深めてもらう教室イベント

そこで提案したいのが教室イベントです。お客様にお店に集まってもらい、講義形式で専門知識を伝えるイベントです。イベントといっても大規模なものでなくてもかまいません。数人ぐらいで開催してもよいでしょう。

「知識の提供は、普段、接客でやっていますよ」というご意見もあると思います。確かに、お店の商品の理解・興味を深めてもらうために接客は重要ですが、接客は1対1が基本になるので広がりが少なく、時間が限られます。20分~30分の接客でも、十分に知識を伝えることは難しいでしょう。接客はお客様の意見を受ける形が基本だからです。

また、接客と違って、教室イベントは運営の工夫によって、参加者間の意見交換を入れることで、お客様同志のコミュニティをつくることができるのもよいところです。

各店が取り組んでいる教室イベント事例

お客様が学べる教室イベントは、いろいろな業界のお店で取り組んでいます。

- 表参道にある紳士靴ショップでは、「シューケアセミナー」を実施していました。40分程の講義で、革靴を水に濡らすというTV・雑誌などであまり紹介されていないお手入れ方法を紹介しています。
- あるスポーツクラブでは「お昼寝ストレッチ」と評して、会社のお昼休みに焦点を合わせて、12時35分から12時50分までの15分のミニ教室を行なっています。
- 日本橋三越本店では「はじまりのカフェ」という場を設けて、「冷凍ストックで時短クッキング」「はじめてのLINE教室」「写真撮影のやり方」「日本橋そば講座」「タブレットの使い方」といった教室を毎日、開催しています。

・タリーズコーヒーでは、「コーヒー教室」を行なっています。地域の女性の参加が多く、固定客づくり、コーヒー豆の販売につながっています。子ども向けに「工作教室」も行なっています。

・沖縄県宜野湾市のバイクショップ、アウトバンさんでは、「教習所で女子向けバイクスクール」「ジムカーナ練習会」などを開催しています。

実践ポイント❶　店長・スタッフが講師を務める

講師は外部から呼ばず、店長・スタッフが務めます。お客様にお店・スタッフが専門知識を持っている事実を知ってもらい、お店・スタッフをちょっと尊敬してもらうためです。10年間通ってもらうためには、ざっくばらんにお話ができる関係をつくりつつも、〝身近なプロフェッショナル〟として専門知識をお届けすることも大事です。ちょっとした尊敬は、来店時のスタッフ指名につながります。お客様は専門知識を持つ人から接客を受けて、商品を選びたいのです。

バイクショップの教室イベントの様子

アウトバンさんでは、教習所で女性向けのバイク教室を開催。参加者から「以前より運転が怖くなくなった」「もっとバイクに乗りたくなった」という声があった。

実践ポイント❷ テーマはお客様の心に響く切り口がポイント

教室イベントのテーマは、単に「○○の基礎知識」では、人はあまり集まりません。ここでは業界別に、お客様の心に響くイベントテーマを紹介します。

①旅行会社
「海外に行かなくても日本にある！　日本美八景セミナー」

②ジュエリーショップ
「ジュエリーが輝き続けるために！　セルフメンテナンス教室」

③美容外科
「痩せるメカニズムを解明！　カラダの仕組みを知ってもっと痩身セミナー」

④イタリアンレストラン
「自宅でできる！　海鮮パエリアのおいしいつくり方教室」

⑤ケータイショップ
「〝通話＆ネット検索だけじゃない〟んです！　スマートフォン100％使いこなしレッスン」

⑥ドラッグストア

「もっと健康！　あなたにピッタリの健康食品の選び方、教えます」

⑦園芸店

「狭いスペースでもできる！　ベランダガーデニング5つの工夫」

実践ポイント❸　内容は難しくなりすぎないように

内容は、あまり難しくなりすぎないようにします。私が講演をする際に気をつけているのは、内容の7割は参加している皆さんがなんとなく知っている知識を整理する話、3割を知らない話にすることです。

そうすると、終わった後「頭の中でモヤモヤしていたことが整理できた。新しいことも学べた」と満足していただけます。新しい知識を数多く伝えようと意気込みすぎないことがポイントです。

配布する資料は講義時間10分あたり1枚くらいが適切です（30分の場合は3枚くらいですね）。内容はあまり詰め込みすぎないように注意しましょう。イラストや図解があると見やすいのでおすすめです。

集客できなくても開催する意味がある

教室イベントは、それほど集客ができなくても実施する意味があります。

教室イベントの内容は、お客様に知ってほしい知識です。イベント後、店内ボードに貼ったり、ニュースレターに掲載したり、ホームページで動画公開したりと、さまざまな場面で活用できるからです。

お店からお客様への情報発信の元ネタにもなりますので、集客を必要以上に気にせず、継続的に開催しましょう。

02

個客イベント

お客様とスタッフが1対1でいろいろ相談できるイベントで、他店よりも特別な存在になる！

皆さんのお店が、お客様にとって特別な存在になるためにおすすめしたいのが、**個客イベント**です。

個客イベントとは、お客様と担当スタッフが1対1で、個別相談・提案するイベントです。基本は銀行・証券会社が行なう「個別相談会」、スポーツクラブで行なっている「個別指導」がこれにあたります。

なぜ、効果があるかというと、お店のスタッフが自分のためだけに時間をとってくれることを、お客様は特別に感じてくれるからです。

「自分の業界で効果があるのかな……」、そう思った人も多いと思いますが、まずは実験展開してみることをおすすめします。

さまざまな業種で取り組める個客イベント

具体的にどんなイメージか理解いただくために、業界別に個客イベントのテーマ・内容を紹介します。

①美容院

「これから半年間どんな髪型にしようかな？　ヘアファッション相談会」

美容室では、半年間に1度、髪を切る前に相談会を行なってみてはいかがでしょうか？　最近のお客様のヘアスタイルの写真を並べて、お客様にこれからどんなイメージ・髪型にしたいかをヒアリングし、それを踏まえて、担当スタッフとこれから半年間の髪型について話し合います。

②ダイエットショップ

「理想的な体型にもっと近づこう！　美直し（みなおし）相談日」

ダイエットショップでは、1回ダイエットの成果に満足して、維持している人に、あらためて自分の理想的な体型を思い出してもらうための個客イベントがおすすめです。体型が戻ってしまった人にも、もう一度キレイへの気持ちを呼び戻してもらうために、1対1の「美直し相談」を行ないましょう。

③釣具店

「固定客のお客様限定・フィッシングライフ相談会」

釣具店では、今お客様が熱中している釣りの種類（鮎釣り・シーバス・鯛釣りなど）を確かめて、これから1年間、どんな釣りで楽しむのか、一緒に考えます。できるだけいろいろな釣りで楽しんでもらいましょう。

④化粧品店

「お肌の調子はいかがですか？　半年に1度のお肌健康診断」

お肌の状態を測定できるデジタル機器でお肌をスキャンし、水分・脂量・メラミン・キメなどを以前の状況と比較します。今後改善したい点をお客様とスタッフの間で共有化し、これから半年間のお手入れ計画を立てます。

個客イベントは、最初は固定客3人からスタートしましょう。来店客が多い週末は外し、平日に行ないます。「今日は○○さん、明日は○○さん」と継続的に行ないましょう。

一度に何人も集めるわけではないので、場所は店内で十分です。頻度は取り扱い商品にもよりますが、半年～1年に1回程度、時間は30分～45分くらいでいいでしょう。

個客イベントはスタッフにもメリットがある

個客イベントのメリットは、お客様の満足度が上がるだけではありません。スタッフにもメリットがあります。「お客様にアドバイスをすることで、お客様が感謝してくれる」「お客様と深いお話ができるので、そもそも今の仕事をやりはじめた理由を思い出す」よい機会になり、スタッフのやる気アップにつながります。

お客様と1対1で30分以上お話しするので、お客様のことを深く考えるとともに、商品知識・流行等を勉強する必要も感じるでしょう。通常の接客レベルも向上します。

03

来店ハッピーイベント

難しいことはあまり考えずに、お客様に来店してもらい、純粋に楽しんでもらうイベントを開こう。

10 年間ずっと来てもらうことを頭に置いてイベント企画を考えると、難しく考えすぎてしまうことがあります。

当たり前ですが、お客様は来店にあたって難しく考えていません。来店すると楽しいから来てくれていて、結果として通い続けることになっているだけです。10年顧客でも10年間通っている意識はないかもしれません。

本書では教室イベント、個客イベントなど、狙いが明らかなイベントを紹介してきましたが、「ただ楽しい」イベントを企画することも大切です。いい意味でお客様の期待を裏切るからです。

「このお店、本当にお客様に楽しんでもらいたいんだなあ。ビジネス、ビジネスしているお店が多い中で、面白い存在だなあ」と思ってもらう。そんなイベントが**来店ハッピーイベント**です。

来店ハッピーイベントの3大ポイント

来店ハッピーイベントを考えるにあたっては、3つのポイントがあります。

①お客様がイベント内容を知った瞬間、「なんか楽しそうだなあ」「お店に行ってみようかな」「友達を誘って一緒に行ってみようかな」と感じる

②商品・サービスと関係がないテーマでOK

③特定の日程に行なう企画、1週間～2週間継続して実施する企画、どちらもOK

具体的な来店ハッピーイベントのアイデアは、次の通りです。自店の取り扱い商品や雰囲気と相性のよい方法を見つけてください。

①無料サービス

自動車ディーラーでは、土日限定で女性向けのネイルサービスを実施しているお店があります。ダイハツでは「ダイハツ カフェ プロジェクト」と名づけて、ケーキ&飲み物をサービスしています。

②じゃんけん・くじ引き・サイコロでプレゼント

来店したお客様がくじ引き・サイコロで当たったら、スタッフとじゃんけんをして勝ったら、プレゼントをあげて楽しんでもらいます。

③スタンプラリー

静岡県浜松市にあるサロン ジョイフルさんでは、身体のサイズチェック、商品のお試し、プチレッスン受講、成果発表会の参加など、商品購入を条件としないスタンプラリーを定期的に実施しています。お客様が以前よりも楽しく来店していただけるようになりました。

サロンのスタンプラリー例

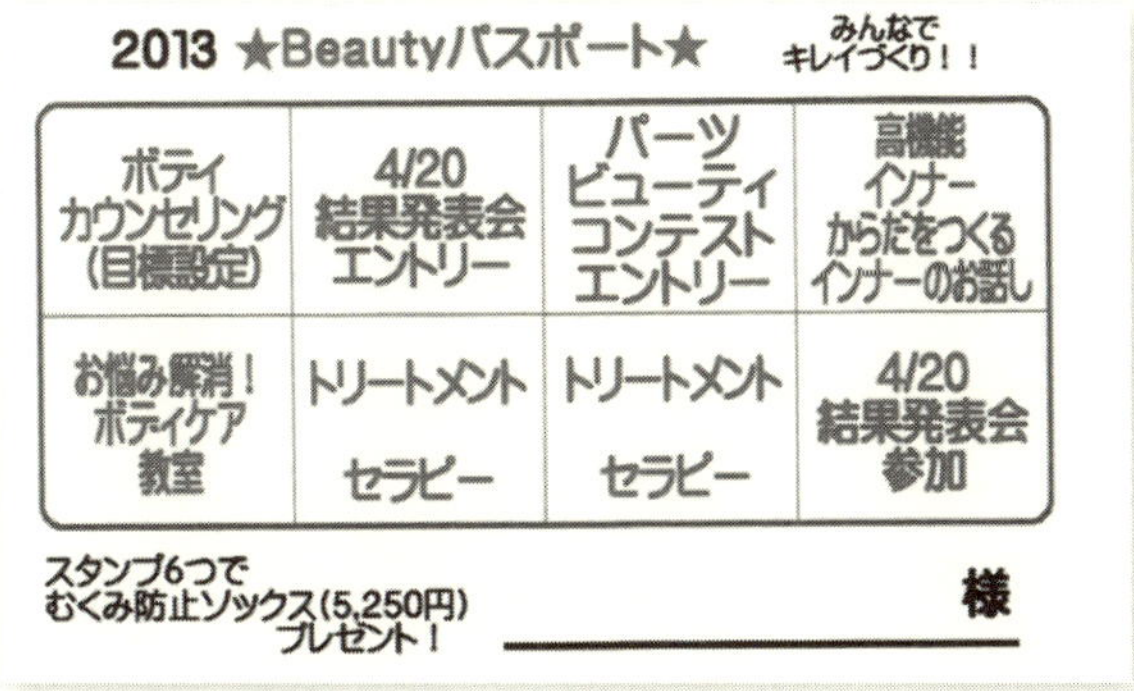

2013 ★Beautyパスポート★　みんなでキレイづくり！！

ボディ カウンセリング (目標設定)	4/20 結果発表会 エントリー	パーツ ビューティ コンテスト エントリー	高機能 インナー からだをつくる インナーのお話し
お悩み解消！ ボディケア 教室	トリートメント セラピー	トリートメント セラピー	4/20 結果発表会 参加

スタンプ6つで
むくみ防止ソックス(5,250円)
プレゼント！　　　　　　　　　　様

スタンプをつけはじめると、空欄を埋めることが楽しくなるもの。お客様の来店促進につながる。

④季節・催事

春は「お花祭り」をテーマに、お花を一輪お店に持ってきてもらうとポイント3倍、持ってきていただいたお花はお店に飾る。夏は「七夕祭り」をテーマに、お店に短冊を用意して、来店したお客様に願いごとを書いてもらう。「夏祭り」の時期は浴衣で来店するとプチサービスを届ける。「お正月」は絵馬を用意して今年の願いごとを書いてもらうなど、季節や催事と絡めてイベントを行ないます。

⑤産直イベント

ある地域の家電店では、月1回、産直野菜イベントを10年以上実施して、新しいお客様の獲得につなげています。

⑥生演奏会

東北のあるお店では1年に2回、お店でフルートの生演奏会を実施しています。地元の音楽教室のメンバーに演奏してもらっています。

⑦ゲーム・手品

ゲームは、輪投げ、黒ひげ危機一発、ガチャガチャなど、懐かしいゲームがおすすめです。ある居酒屋さんでは、お客様が頼むとスタッフが手品をしてくれて、飲み会を盛り上げてくれます。

来店ハッピーイベントは、既存顧客の来店促進はもちろん、新しいお客様の来店、ご無沙汰のお客様の再来店を促してくれて、結果として10年顧客の育成につながります。

04

コミュニティイベント

お店の外でイベントを開催して、お客様とのコミュニケーションを深めよう。

最近2桁単位の売上伸長率を誇るパネライ（イタリアの高級時計）が、少し変わったイベントを行なっています。夏ならお客様とマリンスポーツを楽しんだり、海辺でバーベキューをします。お客様は数十人で、店長・スタッフも一緒に参加します。この場に商談はありません。ただ、お客様の誰かが新作時計をつけてくると、他のお客様が刺激を受けて、購入につながることも多いとのことです。

このようなお客様とスタッフがコミュニケーションを深めるイベントを、**コミュニティイベント**といいます。

店内でコミュニティイベントを行なってもいいのですが、どうしてもお客様は買うプレッシャーを、スタッフは売るストレスを感じてしまうので、店外で開催するのがおすすめです。店外のほうが、お互いリラックスしてコミュニケーションを交わせます。

もちろん、ある程度の経費はかかりますが、お客様から参加費をいただいて、赤字にならないように運営しましょう。

地元の繁盛店でよく実施されているコミュニティイベント

愛知県豊橋市にあるリラクゼーションサロングループ蘭さんでは、年に3回、コミュニティイベントを開催しています。

およそ40人ほどのお客様が集まり、プロのミュージシャンによるコンサートを行なっています。お客様からは「このサロンに通って本当によかった。スタッフが本当にいい！」とうれしい言葉をたくさんもらっています。イベント後は、売上も上がり、中くらいのお客様が固定客に育っています。

ある化粧品店ではお客様と一緒にコンサート、ホテルランチ、バスツアーに、呉服店では歌舞伎等の観劇を観に行っています。

集客と終了後のフォローを強化する

店外でのコミュニティイベントは、集客と終了後のフォローも重要です。まず、告知のDMは特別なイベントをイメージできるものにしましょう。結婚式の招待状をヒントにしてもいいですね。

さらに、ハガキ、メール、SNS、TELなどのツールを組み合わせることもポイントです。「事前メール→DM送付→TELフォロー」「DM送付＋メールフォロー」など、さまざまなパターンがあります。最初は試行錯誤が必要ですが、最も効果の高いパターンを見つけ出しましょう。

イベント終了後は、当日の模様のレポートや写真を盛り込んだ、ご参加のお礼レター・メールを送ります。最近の人気商品や売場の状況もあわせて記載し、来店を促しましょう。

来店が遠ざかったお客様こそ、お誘いする

お客様の中には、最近来店から遠ざかっている人もいるでしょう。コミュニティイベントの開催は、このような**「離脱予備軍」と再びコミュニケーションを交わすチャンス**になります。

通常時に「来店してください」とお願いするよりも、コミュニティイベントの案内を切り口にＴＥＬやメールをしたほうが、最近来店から遠ざかっている人でもスムーズにコミュニケーションがとれるからです。

05

セール・ディスカウント

セールはやっちゃダメ？　いいえ、セールはエンターテイメントの一つ。やり方を工夫すれば10年顧客の育成に使える！

この前、ＩＴ企業の方と夕食をご一緒しました。違う業界の話はいろいろな気づきがあります。その中で、こんな話をしてくれました。

「セール・ディスカウントも、エンターテイメントですよ！」

私にとって大きな衝撃でした。その瞬間まで、私はお店を「価格訴求のディスカウント型のお店」と「値引きをしない付加価値提供型のお店」に分けていました。２つのお店はまったく違うタイプのお店だと思っていたのです。

確かに違うタイプではあるのですが、セール・ディスカウントをエンターテイメントと考えれば、それも一つの価値ですよね。

自分自身もセールでうれしい気分になりませんか？

自分の購買行動を振り返ってみると、先日スーパーに行ったときにいつも１００円で売っている納豆が68円で売っていたので、思わず買いました。32円安かったからというよりは、「納豆、安いなあ」とうれしい気分になり、購入のスイッチが入ったのです。

セールも一つの価値だということは、自分自身の購買行動を振り返ればわかることなのに、それを見逃していました。

お店の中にはディスカウントを過剰にネガティブに捉える人がいます。そういう店長さんに、「一消費者としてセールで商品を買いますか？」と質問すると、「買いますね～」と皆さんおっしゃいます。自分自身はディスカウントに価値を見出しているのです。であれば、自店のお客様も同じであるはずです。

ただ、値引きには、大きな欠点があります。お店にとって大切な粗利益を大きく失ってしまう点です。**単純に商品の値段を下げただけのセール・ディスカウントは、避ける**必要があります。10年顧客を育てるお店では、次の３つの方向でセール・ディスカウントを実施しましょう。

①中心商品以外のセール

一つ目は、中心商品以外の商品、普段は売らない商品にセール価格を設定することです。中心商品の値引きをすると利益を大きく失うからです。

例えば、ファッションバッグのお店が、おしゃれなTシャツをセール販売したり、雑貨店が、おしゃれなストッキングをセール販売します。中心商品以外の商品で儲けを出すのではなく、「集客商品」として利用するのです。

家具小売チェーンのＩＫＥＡでは、家具とは直接関係のない、ぬいぐるみ、キャンドル、ソフトクリームなどを低価格で販売しています。

②セット割引

家電店では、一人暮らしのお客様に対して、数種類の家電商品をセット購入できるプランが人気を集めています。一品一品吟味して購入判断する必要がなく、一度に購入でき、価格も安いのでお客様としてメリットが大きいのです。お店としても、1品1品で購入判断されるよりも、効率よく、複数商品を販売することができます。

アパレルショップであれば、「ジャケット＋シャツ＋パンツ」をセットで販売することが考えられます。文具店であれば、新社会人向けに「手帳＋筆入れ＋ペン」、インテリアショップであれば「テーブル＋イス＋TV台」と、さまざまな展開が考えられます。

皆さんのお店では、どんなセットが考えられますか？

スーパーマーケットでも、セット割引は広く行なわれていますね。例えば、チルド飲料・ミニ缶ジュースで行なわれているのが「選べるドリンク！　10本で598円」、精肉・鮮魚のコーナーでも「どれでもお好きな3パックで1000円」という展開をしています。

③モニター限定価格

はじめて商品を購入するお客様に向けて、人気商品をモニター価格でお届けします。その代わりに、お客様からモニターとして商品を使った感想をもらいます。お店は、その意見をマーケティングに活用します。

CHECK！❺ イベント

☑ お店や商品について学んでもらい、お店の優先順位を上げる。

☑ 店外イベントでお客様とのコミュニケーションを深めていく。

☑ 1対1の相談イベントで特別な存在になっていく。

☑ セールはエンターテイメントと捉えて実施する。

☑ とにかくお店に来て喜んでもらうだけのイベントも大事。

6章

10年顧客を育てる「チーム」

01

チームで10年顧客を育てる

店長とスタッフが1つのチームになって、「計画－実践－振り返り」を進めていこう。

ここまで、10年顧客を育てる活動をお伝えしてきました。10年顧客の育成というゴールにたどり着くには、活動内容を知っただけでは、お客様から見たら何も変わっていません。10年顧客を育てる活動は、お店の現場で実践してこそ意味があります。

現場で実践していくためには、**10年顧客を育てる活動計画を立てて、実践して、振り返る**ことが大事です。

ただ、お店では、意識してやっても思ったほどに進まない、なかなか根づかない……。

そんな現場を数え切れないほど見てきました。どうしてお店の「計画－実践－振り返り」

は一筋縄ではいかないのでしょうか?

チームで計画して、チームで実践して、チームで振り返る

それにはいろいろな理由がありますが、一番の理由は、**「店長（経営者）とスタッフがチームとして「計画－実践－振り返り」に一緒に取り組んでいないから」**です。

店長が10年顧客の育成の話をすれば、スタッフは理解はするでしょう。ただ、現場の活動レベルで、チームで取り組むのはとても難しいことです。

逆に言えば、店長とスタッフがチームとして「計画－実践－振り返り」に取り組むことができれば、他店よりも10年顧客が増えていくはずです。

例えば、チームで一緒に取り組むことで、10年顧客を育てる活動量が、5人のスタッフで合計300点（Aさん80点、Bさん65点、Cさん65点、Dさん50点、Eさん40点）だったとします。それをチームで取り組むことで、400点（Aさん90点・Bさん80点・Cさん80点・Dさん75点、Eさん75点）に上げることができれば、活動量が30%以上アップします。

02 チームワークとは？

チームと仲良しは違う。チームワークの効果を理解して、これからの時代に求められるチームをつくろう！

前項で、10年顧客の育成を進めるために、チームで取り組むことが大事とお話ししましたが、そもそもチームワークとは、何でしょうか？

それは、「**2人以上の人が同じ目的を持って前に進むことで、一人ひとりの力がアップすること**」です。チームと仲良しは違います。仲良しには、目的がありませんよね。

例えば、店長とスタッフがプライベートで仲良くなることは、ないよりはあったほうがいいのですが、チームワークにとって大きく関係はありません。10年顧客を育てるという目的をスタッフ皆で共有して、スタッフ一人ひとりの力をアップさせるのが、私達が目指すチームワークだからです。

チームワークとは？

	チームワーク	仲良し	
A店	○	○	→ いい状態のA店
B店	○	△	→ いい状態のB店
C店	△	○	→ 難しい状態のC店

チームワーク＝

「２人以上の人が同じ目的を持って前に進むことで、

一人ひとりの力がアップすること」

▼

「チーム」と「仲良し」は違う。

「仲良し」には、目的がない。

お客様の立場で考えると、スタッフ同士がプライベートで仲良しかどうかは関係ありませんが、チームワークがよいことは求めています。お客様情報の共有や、担当スタッフが休みのときにきちんと対応してもらえるからです。

チームワークの効果は？

チームワークがアップすると、10年顧客をより多く育てることができます。理由は2つあります。

1つ目は、**一人ひとりの実力はそのままでも、チームワークがよくなると一人ひとりの力が集まり、10年顧客を育てる推進力がアップする**からです。

店長とスタッフが同じ実力を持っている2つのお店があった場合、一人ひとりの力が〝どのくらい集まっているか〟で、どちらの力が上回るかが決まります。一人ひとりの力が他店より劣っていても、チームワークがよければお店として力が上回ることもあるのです。

2つ目は、**スタッフ一人ひとりの成長スピードが上がる**からです。チームワークがよいと、店内のコミュニケーションの量が増えます。それによって、店長・スタッフ皆がお互いに学び合う場面が増えるので、より成長することができます。

チームワークの２つの効果

一人ひとりの実力はそのままでも、一人ひとりの
力を集めることで、全体の力をアップできる

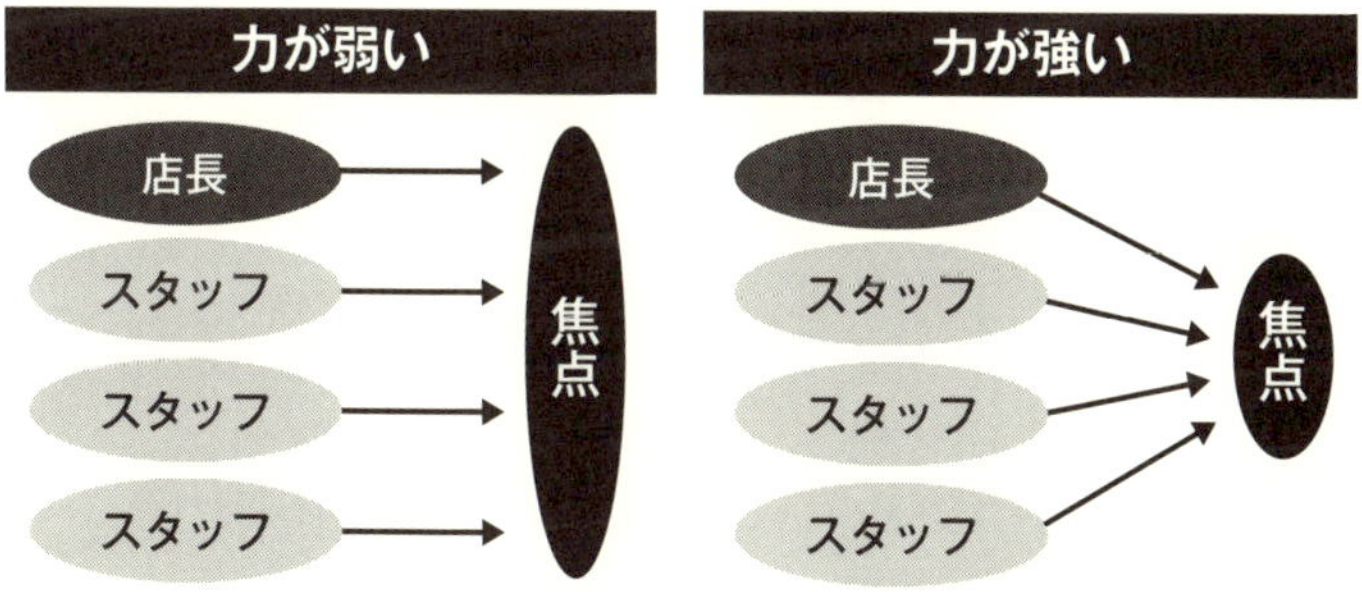

スタッフ一人ひとりの実力アップのスピードが上がる

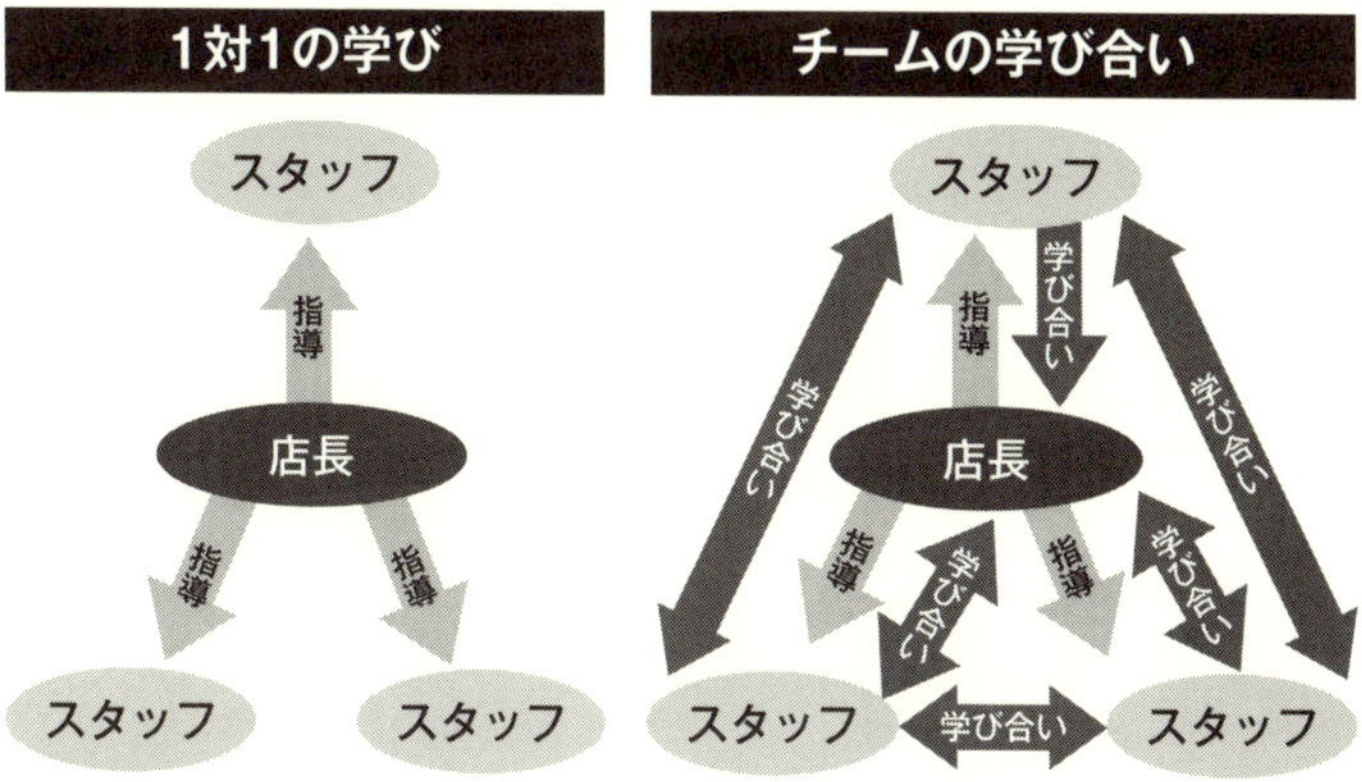

これからの時代のチームワーク

スタッフの気質は、時代とともに少しずつ変わっています。多くのお店でスタッフの多くを占める20代・30代は、低成長の時代を生きていて、共感・共有・貢献の価値観を大事にしています。そんなスタッフの気質にあった、チームワーク強化を進めましょう。

成長時代のチームワークは、「店長が先頭を走ってスタッフがついていく」形でした。店長はナンバー2のスタッフと心を重ねていればOKだったのです。スタッフが求めていた店長像も、強くてかっこいい、メンバーを引っ張っていく店長でした。

これからの時代のチームワークは、「**店長を中心に、スタッフと一緒にチームで未来に進む**」形です。店長はできる限り多くのスタッフと心が重なる部分を増やしていくことが大事です。今スタッフが求めている店長像は、素直でいさぎよい、スタッフに貢献する、応援したくなる、スタッフの成果・成長を喜びとする店長です。

次項からは、チームで計画する方法、チームで実践する方法、チームで振り返る方法を具体的に説明します。

時代とチームワークの形

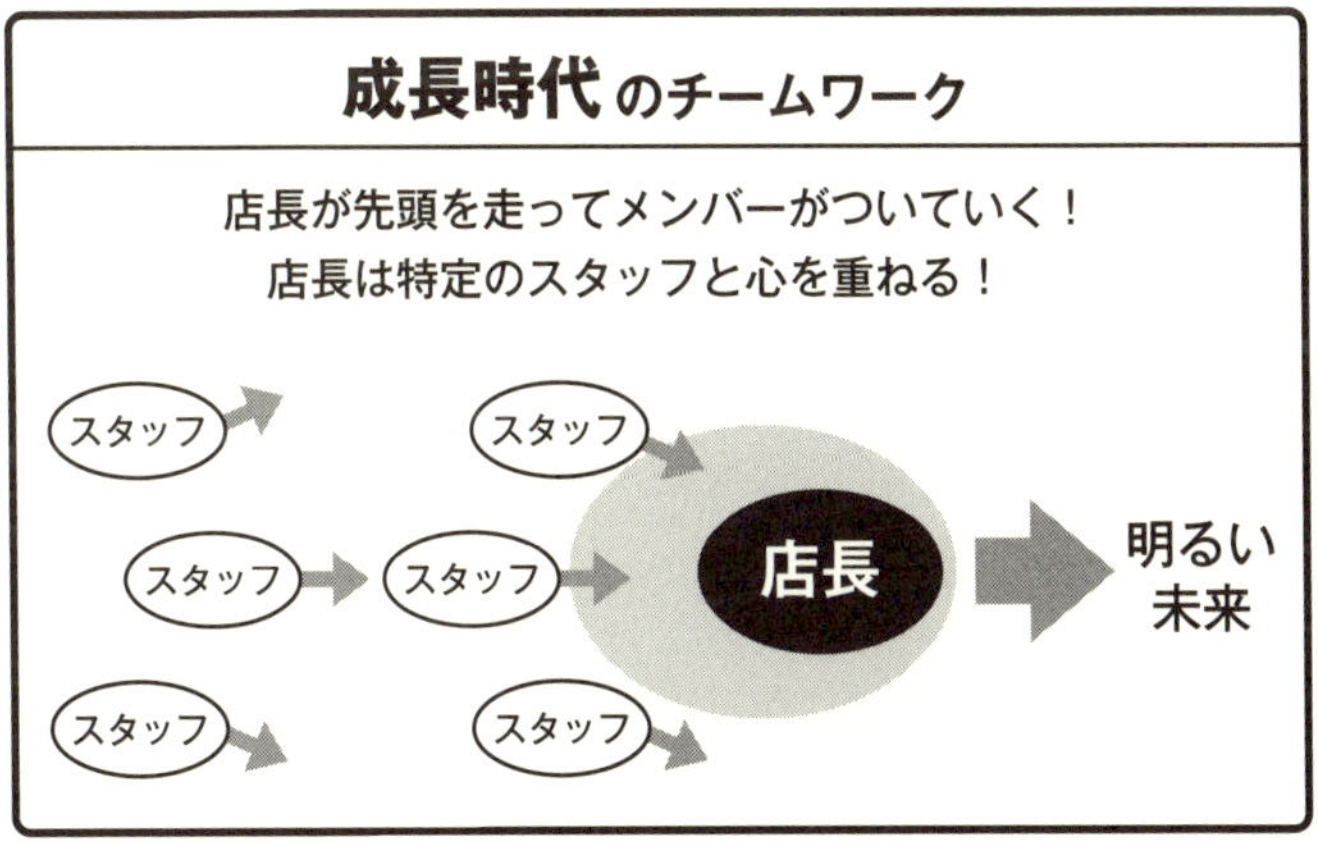

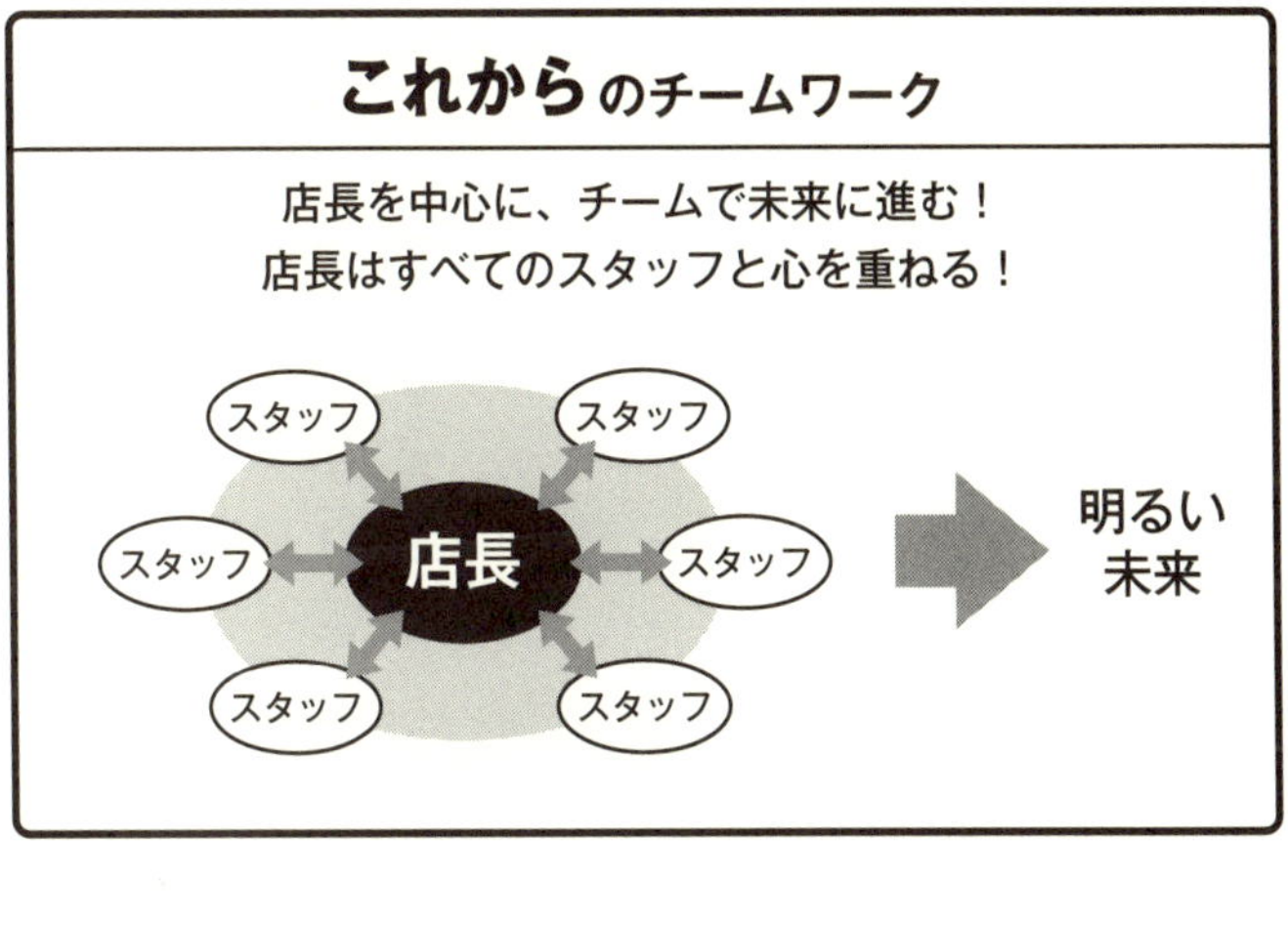

03

チームで計画する

店長一人で計画を立てると実践段階でスタッフが他人事になる。お店はチームで実践するので計画もチームで立てる!

それでは、これから計画の立て方について、話を進めていきますが、その前に1点、確かめておきたいことがあります。

よく「計画が大事だ!」といいますが、どうして大事なのか深く納得していますか?納得していないと、忙しくなったときに、おおざっぱな計画を立てたり、計画を立てない事態に陥ります。

それは絶対に避けなければいけないことです。特に小さいお店は、計画を立てなくても怒られることが少ないので、計画を立てることを軽く考えていることがあります。

なぜ、計画を立てるのか？　それは「**今よりもお客様に喜んでもらうために、新しい活動をするため**」です。計画を立てないと昨年の同じ時期と同じ活動をしてしまいます。昨年と同じ活動だとどんな結果になるかというと、市場動向と同じ傾向になります。市場が10％伸びていれば、自店も10％伸びます。市場が10％下がっていれば、自店も10％下がります。

成長時代であれば、昨年と同じ活動を一所懸命やれば問題ありませんでした。市場縮小時代は違います。昨年と同じ活動を一所懸命実践しても、売上が落ちていきます。お客様の数が減ってしまうのです。

一所懸命やっても昨年よりも売上が落ちる、これはあまりにも寂しすぎますよね。もう一度言います。計画を立てることは本当に大事なのです。

店長だけで計画を考えないこと

10年顧客を育てるために、チームで計画を立てましょう。店長が自分だけで計画を立ててはダメなのです。

スタッフは、店長が立てた計画を指示されて実践するよりも、自分も計画を立てる場面に参加したほうが実践段階でやる気が出ます。**「計画をチームで立てて、実践もチームで」**が大事です。

特に、接客を基本にしたお店では、お客様が来店したときに担当スタッフがいない場合がよくあります。そのときに、他のスタッフ（時にはアルバイトさん・パートさんの場合もあるでしょう）の対応が一定レベル以上でないと、10年間ずっと来てもらえませんよね。一人ひとりのスタッフ、すべてのスタッフの意識が大事なので、計画をチームで立てたほうが断然よいのです。

以前、ずっと一人で計画を立てていた店長さんに、チームで計画を立てるスタイルに変えてもらいました。「自分一人で考えるよりも、スタッフの意見を聞いて、皆で話し合って計画を立てたほうが、お客様に喜ばれた」「お店の売場・チラシをスタッフと一緒に計画して実践したら、その後もスタッフからいろいろと提案が増えた」とのことでした。

店長の仕事は、精神的に厳しいものがありますよね。そんな日々が大変な中で、計画を一人で立てるのは大変です。

チームで計画を考えると時間がかかりますが、スタッフと一緒に考えたほうが、気持ちには余裕が出ます。仕事を抱えすぎて、自分を追い詰めないように、計画はスタッフと一緒に考えましょう。

10年顧客の育成には、3つの計画を立てる必要がある

10年顧客を育てるお店では、具体的な計画を立てるにあたって、一つ大事なことがあります。お客様を大きく3つに分けることです。

1つ目が「新しいお客様」、2つ目が「中くらいのお客様」、3つ目が「固定客（10年顧客）」です。安定的に10年顧客を増やしていくためには、3つのお客様それぞれを増やし続ける必要があります。

3つのお客様のうち、**どれかのお客様を増やすことに集中すると、全体のお客様の数は増えません。**

新しいお客様を増やすことに集中すると、中くらいのお客様と固定客が増えません。中

くらいのお客様を増やすことに集中すると、新しいお客様と固定客が増えません。固定客を増やすことに集中すると、これから固定客になる新しいお客様と中くらいのお客様が増えないからです。

3つのお客様、それぞれを増やすためには、3つの計画を立てることが大事です。新しいお客様を増やす「**新しい出会いの活動**」、中くらいのお客様を増やす「**関係を深める活動**」、固定客を増やす「**特別な心遣いの活動**」の活動計画を立てます。

次からは、新しいお客様を増やす「新しい出会いの活動」を計画するミーティング方法をお伝えします。

新しい出会いの活動ミーティング

①スタートアップトーク

新しいお客様と出会う活動を決めるミーティングでまず大事なのは、対象になる見込み客（お店の近くに住んでいる、勤めている、遊びに来ている人でまだ来店したことがない人）がどんなことを思っているのか、店長がスタッフに丁寧に伝えることです。

次のイメージでトークをします。

「私達のお店は新しいお客様との出会いをつくって、少しずつ関係を深めて固定客に育てて維持することを目指しています。この最初のステップが新しいお客様を獲得する新しい出会いの活動です。これから新しい出会いの活動についてミーティングを進めていきますね。

まだ来店したことがない見込み客は、お店のことを知らない人が多いでしょう。知っていたとしても、お店があることを知っている、何を売っているか知っている程度でしょう。お店のことを十分知ったうえで来店しないのであれば、あきらめもつきますが、単に知らないのであれば、もったいないですよね。もっとお店のことを周辺に住んでいる人達、働いている人達に知ってもらいましょう！」

さらに、こんなトークも加えて、チームの活動意欲を高めましょう。

・チームの活動意欲を高めるトーク

「見込み客の方は他のお店に通っていますが、『他にもっといいお店があったら、そっちにしようかな』といつも思っています。

私達も一人のお客様としてそう思っていること、多いですよね。今行っているラーメン屋さんよりおいしいラーメン屋さんがあったら、新しいお店に行きますよね」

さらに、スタッフのミーティングの参加意欲を高めてもらうために、こんな投げかけもアリですね。

・スタッフの参加意欲を高めるトーク

「○○さん、最近はじめて行ったお店ありますか?」

「どうしてはじめて来店したのですか? その理由を教えてもらっていいですか?」

②計画カードの記入を促すトーク

計画カードを使って、スタッフに新しい出会いの活動アイデアを考えてもらいます。ど

計画カード

活動計画カード	記入者名	日付
私がお店で実践したほうがいいと思った活動		

選んだ理由	実践ポイント
■ ■ ■	■ ■ ■

んな風に考えてもらうかというと、店長から活動の候補を3つ〜5つ出します。

活動候補は、この本にある「接客」「売場」「ツール」「イベント」から選びましょう。

スタッフ一人ひとりに、お客様に届けたほうがいいと思う活動を1つ選んでもらいます。

そして、その活動を選んだ理由、活動するときのポイントを書いてもらいます。

次のような内容でトークをします。

「では、具体的に計画づくりを進めていきます。私から新しい出会いの活動の実践候補を3つお話しします。その中から皆と一緒に選んでいきたいと思っています。

1つ目は○○○、2つ目は○○○、3つ目は○○○です。3つの中から一番お客様に届けたほうがいいと思う活動を1つ選んで、選んだ理由と実施するときのポイントも合わせて、この計画カードに書いてください。

では、今から5分間です。よろしくお願いします！」

③計画カードの発表

スタッフ一人ひとり順番に、自分が書いたカードをミーティングテーブルの上に置きながら、発表してもらいます。

「では、○○さんから時計回りで、発表をお願いします。だいたい一人2分くらいでお願いします。計画カードは皆に見えるようにミーティングテーブルに置いてください」

④実践活動の決定

スタッフ一人ひとりの発表が終わったら、意見を整理する段階に入っていきます。

お店視点で考えると、手間がかかることはやらないで、簡単な活動に落ち着く傾向がありますが、手間がかかることは、お客様にお店の想いが伝わることが多いのが正直なところです。

「○○さん、お客様にとって、うれしい活動って、どれだと思いますか?」

「その活動を選んだ理由は何ですか?」

このような感じで、参加している各スタッフに意見を聞きながら、ディスカッションがお客様が今よりも喜ぶ方向に進むようにして、実践する活動を決めます。どうしても決まらない場合は多数決で決めましょう。

実践にあたって役割分担が必要な場合は、活動内容を分けて担当者を決めます。例えば、チラシであれば、記事のスペースによって役割を分担したり、ＰＯＰもコーナーによって役割を分担します。

⑤新しい出会いの活動ミーティングの締めのコメント

「新しいお客様は、未来の10年顧客です。皆一緒に進めていきましょう！」

関係を深める活動ミーティング

①スタートアップトーク

関係を深める活動を決めるミーティングでまず大事なのは、対象になる中くらいのお客様（＝まだ固定客になっていない既存のお客様）がどんなことを思っているのか、店長がスタッフに丁寧に伝えることです。

次のイメージでトークをします。

「中くらいのお客様に固定客になってもらう、関係を深める活動についてミーティング

を進めていきます。

中くらいのお客様は、お店のことを理解してくれて、商品を購入している段階で、一定の満足はしているでしょう。ただ、次も必ず来店したい、ずっと通い続けたいとまで思っていない状況でしょう。

今は普通のお店でも、不満を与えない、クレームにならない対応は、当たり前になっています。少しの気遣いでは、固定客にはなってくれません。固定客に育ってもらうには、小さな気遣いをたくさん届ける、新しい気づきを届けることで、『私のことを思ってくれている』『普通のお店とちょっと違うな』と感じてもらいましょう。そんな場面に何回も出会ったときにはじめて、この先もずっと通い続けようと思ってくれます」

・チームの活動意欲を高めるトーク

「一人のお客様の立場で考えてみましょう。例えば、自分の家の近くにあるお花屋さんで、お花を買って、商品もよく、お店のスタッフの対応も普通によかったとします。何の不満もなかったとしても、それだけで次も必ず来店したいとは思わないですよね。

ある焼肉屋さんに数回来店して、お肉がおいしく、価格もそれなりで、スタッフの対応も行き届いていたとします。しかし、ずっと通い続けたいとは思わないでしょう。それが普通ですよね。

普通のお店ではなく、『このお店ちょっと違う』と感じてもらいましょう。それが固定客を増やすことにつながります」

・スタッフの参加意欲を高めるトーク

「○○さん、以前から行っていたお店で、最近よく通うようになったお店ありますか？」

「どうして最近、来店することが多くなったのですか？　その理由を教えてもらっていいですか？」

関係を深める活動ミーティングの②計画カードの記入を促すトーク、③計画カードの発表、④実践活動の決定は、新しい出会いの活動の内容（190ページ〜194ページ）を参考に、関係を深める活動にテーマを変えて進めましょう。

⑤関係を深めるミーティングの締めのコメント

「固定客を育てる活動は、お客様のお店に対する意識を変えてもらう大事な活動です。皆一緒に進めていきましょう！」

特別な心遣いの活動ミーティング

①スタートアップトーク

「これからは、固定客を維持する特別な心遣いの活動についてミーティングを進めていきます。

固定客は、お店のことが大好きです。お店への想いも強いです。そんなお客様の想いにお店として応えてあげることが大事です。30人の固定客がいたとします。お店にとっては30分の1ですが、お客様にとっては1分の1です。〝お客様のお店への想い〟にできる限り応えていきましょう。

そのためには、特別な気遣いをたくさん届ける、お客様一人ひとりに向けた新しい気づきを届けることで、『やっぱりこのお店は私にとって特別だ』と感じ続けてもらいましょう」

・チームの活動意欲を高めるトーク

「一人のお客様の立場で考えてみましょう。例えば、自分が5年間ずっとある美容室に通い続けていたとします。気心も知れて、安心できて、自分の髪の特性もつかんでもらっている状況ですね。

ただ、最近1年間ぐらい美容師さんから新しい提案もなく、ずっと同じ髪型だったら、他のお店に興味が湧いてきませんか？

お客様は、いつも自分にとってよりよいお店を無意識に探しています。私達自身も一人のお客様として同じだと思います。ということは、私達のお店の固定客もきっとそうです。いつも新鮮な気持ちを持って、固定客と接して、お客様にとって一番のお店であり続けましょう」

・スタッフの参加意欲を高めるトーク

「○○さん、何年も通い続けているお店ありますか？」

「どうしてずっとそのお店に通い続けているのですか？　その理由を教えてもらっていいですか？」

特別な心遣いの活動ミーティングの②計画カードの記入を促すトーク、③計画カードの発表、④実践活動の決定は、新しい出会いの活動の内容（190ページ〜194ページ）を参考に、特別な心遣いの活動にテーマを変えて進めましょう。

⑤特別な心遣いの活動ミーティングの締めのコメント

「固定客を維持する活動は、お客様に寂しい想いをさせない大事な活動です。皆一緒に進めていきましょう！」

04

チームで実践する

素晴らしい計画を立てても、実践しなければ意味がない。チームで実践すれば今よりもお客様に活動を届けられる！

前項で計画の立て方をお話ししました。チームで計画を立てるのは手間も時間もかかりますが、実践に比べると計画を立てるのはたやすいことです。話し合って紙に書けばいいだけなのですから。

実践は大変です。時間をかけて、実際に動かなければいけません。そして、お店の現場はお客様から急な対応を求められたり、スタッフが急に辞めたり、計画を１００％実践するのは難しい現状があります。

ここでは、70％より80％、80％より90％と、できるだけ計画通りに進めるためにどんな手段があるのか、チームで計画を実践するときに大事な３つの方法を紹介します。

チームで実践する大事な3つのこと

①お客様が喜んでくれた場面を週ミーティング、朝礼・終礼等でまめに共有する

週ミーティング、朝礼・終礼などで、計画した活動を実践してお客様が喜んでくれた場面をまめに共有しましょう。同じ活動をはじめても、途中でうまくいかなくて立ち止まってしまうスタッフもいるからです。お客様が喜んでくれた場面の共有をまめにすることで、一体感を持ってチーム皆で取り組むことができます。

時間は短くて大丈夫です。週に1回10分でOKです。例えば、「接客のアプローチ」の改善にチームで取り組んでいるとします。月曜日の朝礼で一人1分、前週（1週間）で一番うまくいったアプローチを一人1分発表してもらいます。5人スタッフがいても、5分で終わります。

こんなトークのイメージです。

「皆さん、おはようございます。今月チームで取り組んでいる『接客のアプローチ』ですが、先週うまくいった事例を発表し合って、今週の活動のヒントにしたいと思います。

ミニ発表の準備をホワイトボードでお願いしておきましたが、準備は大丈夫ですか？まず○○さん、1分間のミニ発表よろしくお願いします」

実際にやってみたお店からは、「朝礼で重点商品の紹介トークについて、お客様がよく聞いてくれた場面を共有したら、メンバーの意識が高まった」「終礼でうまくいった事例を話し合ったら、次の日売れなかったスタッフが売れて、皆で喜び合いました」とのことでした。

あるとんかつ屋さんの店長さんは、毎日アルバイトスタッフにメールを送っています。メール冒頭には売上などを示したうえで、お客様に喜ばれた活動をしたスタッフを写真つきで紹介し、褒めた事実を共有しています。

アルバイトスタッフは、シフトの状況でなかなか情報共有が進まないことが多いと思いますが、メールであれば問題なくできますね。

②表やグラフをバックヤードに貼り出して、進捗状況を見える化する

お店の場合、チームで実践しようといっても、チームの他のメンバーがどのくらい活動

バックヤードの表の例

NO	顧客名	事前の声かけ	DM送付	DMフォロー	最後のおすすめ	担当スタッフ
1						
2						
3						
4						
5						
6						
7						
8						
9						
10						
11						
12						
13						
14						
15						
16						
17						
18						
19						
20						

を進めているのか、基本的にはよくわからないことがあります。

例えば、ある商品のサンプルを今月80個配ろうと決めてチームで実践している場合、誰が何個サンプルを配っているのか、途中ではわかりません。

活動が終わった1カ月後にわかっても、あまり意味がないですよね。途中状況、途中経過をバックヤードで表やグラフで「見える化」しましょう。


前ページは、上位のお客様20名に対して、あるイベントの参加を促す活動表です。活動表では、「事前の声かけ」「DM送付」「DMフォロー」「最後のおすすめ」の4つに活動を分けて提示しています。実践したら、表にチェックを入れていきます。

活動表を記入することで、担当スタッフごとに活動がどこまで進んでいるのかが一目でわかり、スタッフ皆で共有しながら進めていくことができます。

他メンバーの活動状況を知ることで、活動へのやる気が継続します。進捗状況を確かめながら一緒に進めると、スタッフ同士のコミュニケーションも増え、楽しみながら取り組めるようになります。

③店長・サブリーダーはスタッフひとり一人をケアする

お店には経験年数や実力レベルがさまざまなスタッフがいますが、同じお店にいる限り、お客様から見れば同じ存在です。できる限りチーム全員が同じレベルで活動することが望ましいですよね。

そのために、店長・サブリーダーがスタッフ一人ひとりをケアすることが大事です。ここでは4つのケアを紹介します。

・スタッフが活動に困っていたら、すぐに声をかける

スタッフが活動中に手助けしてほしいとき、困ったときは、それを態度で示すことが多いです。気がついたら躊躇なく、すぐに声をかけましょう。一緒に考えていく、並走していくイメージでコミュニケーションをとることがポイントです。

「○○さん、どうしたのですか？」
「○○さん、何かわからないこと、迷っていること、あるんですか？」

あるお店で入社半年のスタッフがいました。いっぱいいっぱいだったスタッフに店長が頻繁に声をかけて「何回でもいいから確認しながら覚えていこう」と並走したら、不安なことを聞いてくれるようになり、大きく成長したそうです。

・スタッフの活動を認める（＝以前よりできていたら、その事実を共有する）

スタッフの活動が以前よりできていたら、ちゃんと言葉に出して伝えましょう。ポイントは、活動している内容をそのまま伝えることです。特別な褒め言葉を使う必要はありません。

「○○さんの商品紹介トーク、前よりもよくなっていますね」
「○○さんの□□の活動は、皆のお手本になります」

・活動についてスタッフから話を聞いてみる

2週間に1回、3分くらい、フロア内でOKですので、スタッフ一人ひとりに「今回の活動、もっとお客様に喜んでもらうには、どうすればいいと思いますか？」「今よりも効率的にできる方法、何か思いつくことありますか？」など、活動について話を聞いてみましょう。

スタッフが言ってくれたことはメモして、今後の改善に活かしましょう。

最初はなかなか意見を言ってくれないことも多いですが、そのうち率先して言ってくれるようになります。この会話を繰り返していくうちに、スタッフの責任感が強くなっていきます。

・スタッフが違った方向で活動をしていたら正しい方向を伝える

スタッフがちょっと違った方向で活動をしていたら、まずステップ1として、どうしてそうしているのか、意見を聞きます。ステップ2として、どうして方向が違っているのか理由を伝えて、正しい方向に導きます。ステップ3として、普段の活動を認めながらこれからもがんばってほしいことを伝えましょう。

ステップ1「あれ、〇〇さん。このＰＯＰ、あなたの実感が書いていないんじゃない？」

ステップ2「そうなんだ。でも、今回のＰＯＰの狙いはスタッフの実感を書いて、お客様に身近な専門家であることをアピールすることだから、少し方向が違いますよ。あなたの実感を中心にPOPを書いてくださいね」

「○○さんがいつもしている商品紹介には、自分の実感を伝えている部分があって、お客様がよく聞いてくれていますよね。POPもよろしくお願いしますね！」

ステップ3 頻繁な計画変更で、どんどん実践！

計画通り実践するために大事な3つのことを進めても、計画通り活動が進まないこともあるでしょう。計画した活動ができなかったときに一番まずいのは、活動できなかったことに落ち込んでしまって、計画した活動が滞ってしまうことです。

完璧主義からくる〝焦り〟は禁物です。今月の活動が計画通りいかなくても、先週の活動が計画通りいかなくても、昨日の活動が計画通りいかなくても、来月も、来週も、明日もあります。

ただ、計画通りいかなった活動をそのままにしていたら、お客様に向けた活動の量が減ってしまいます。

そこでおすすめなのが、頻繁な計画変更です。計画通り進められない自分を責めるのではなく、最終ゴールは変えずに、どんどん計画を変更していきます。そうすると、また活動を実践したい気持ちが蘇ってきます。

計画通りいかなかったことは、早く忘れて、計画を変更して、変えることができる未来に向けて、前向きに実践していくことが大事です。

05

チームで振り返る

計画を立てて実践しても、そこで終わりでは、活動の質は高まらない。結果を丁寧に振り返ろう。

お店の現場を見てきて、「計画－実践－振り返り」の3つの中で、一番きちんと行なわれていないのが「振り返り」です。売上状況の確認と連絡事項だけの振り返りミーティングをしているお店もあります。

どうして丁寧な振り返りをしないのか、原因はわかっています。丁寧な振り返りをしても、来月の（短期的な）売上とあまり関係がないからです。計画と実践のように、丁寧に実施しないとすぐに売上ダウンにつながるのとは違います。

では、丁寧に振り返りをするとどんなことが起こるのでしょうか？　中期的（3カ月程度）に見て、活動の質が確実に上がっていきます。お客様が喜ぶ場面が段々増えて、10年顧客の育成がより進みます。

10年顧客を増やし続けるには、活動の質を少しずつ上げて、現場が成長し続けることが大事です。そのために丁寧な振り返りは必須です。

チームで振り返る大事な3つのこと

振り返りは、

- **活動の内容（お客様に届けた活動の内容がどうだったのか？）**
- **数値の成果（活動がどれだけ成果につながったのか？）**

を両方とも振り返ることがポイントです。

「活動の内容」だけでは自己満足に陥ることが多く、「数値の成果」だけでは成果の源になった活動の改善が進みません。振り返りの最後に、今月よく来てくれたお客様、最近来ていないお客様など、お客様一人ひとりの個客状況を共有します。

以下、振り返りミーティングについて詳しく説明していきます。

①活動内容の振り返り「お客様が喜んだ活動に着目する」

10年顧客を育てるお店では、お客様を軸に活動の振り返りを行ないます。具体的には、お客様が喜んだ場面、お客様が残念に思った場面から活動を振り返ります。10年通い続けてくれるお客様を増やすには、お客様が一つひとつの活動についてどう思ったのかが大事だからです。活動を実施したかどうかという、お店側の軸を中心にしてはいけません。

基本的に振り返りミーティングはスタッフ全員で行ないます。振り返りミーティングで、すべてのスタッフの前で、自分の気持ちを他スタッフに話すことで、自分自身で深く認識できて、他スタッフにも新しい刺激を与えることができるからです。

例えば、お客様が喜んだ場面を共有できれば、仕事の楽しさをチームで共有できます。経営の浅いスタッフに、仕事の楽しみ方を教えることにもなります。お客様が残念に思った場面を共有できれば、同じ間違いをしなくなって、チームでの改善につながります。

さらに、実施した活動だけではなく、なぜお客様が喜んでくれたのか、なぜ残念に感じたのか、その理由を話し合うことで、他の活動にもいい影響が出てきます。

例えば、親しみ感のあるチラシの反応がよかったら、お店の前のメッセージボードの内容をもっと親しみのあるものに変えてみようかと、新しいヒントが生まれます。

具体的には次のようなイメージで、店長が振り返りミーティングを進めていきます。

「○月の振り返りミーティングをはじめます。まずは、活動内容の振り返りからです。活動内容の振り返りは、今月お客様が一番喜んでくれた場面、今月お客様が残念に思った場面を一人1つずつ発表してもらいます。特に、お客様がなぜ喜んでくれたのか、なぜ残念に感じたのか、その理由を丁寧に説明してくださいね。お客様の気持ちはわからない部分もあると思うので、自分の予想でOKです。

□□さん、今月お客様が一番喜んでくれた場面90秒、今月お客様が残念に思った場面90秒、合計3分間、発表をお願いします」

次ページの「お客様喜びカード・残念カード」をミーティング前にスタッフに書いても

お客様喜びカード・残念カード

お客様 喜びカード

お客様 喜びカード	記入者名	日付

誰に？ → どんな活動を？ → お客様の反応は？ → お客様が喜んだ理由は？

誰に？	どんな活動を？	お客様の反応は？	お客様が喜んだ理由は？

お客様 残念カード

お客様 残念カード	記入者名	日付

誰に？ → どんな活動を？ → お客様の反応は？ → お客様が残念だった理由は？

誰に？	どんな活動を？	お客様の反応は？	お客様が残念だった理由は？

らうと、さらによいでしょう。発表内容がより共有できるのはもちろん、専用のファイルをつくって、成功事例・失敗事例別に「お客様喜びカード・残念カード」をストックしていくことで、10年顧客を育てる活動事例がどんどん溜まっていきます。

「お客様喜びカード・残念カード」をミーティングで活用した店長さんからは、「今まであまり熱心に見えなかったスタッフが、カードにすごくいい意見を書いてくれて、私のそのスタッフへの印象が大きく変わりました。書いてもらう、発表してもらうことでスタッフ一人ひとりへの理解が深まっています」という声をいただきました。

②数値成果の振り返り「顧客数に着目する」

10年顧客を育てるお店では、「売上」「顧客数」を軸に数値の振り返りを行ないます。

「売上」はお店を続ける、スタッフに給料を払う、賃料を払う、不測の事態のために資金を蓄積しておくために必ず必要になるのはご存じの通りです。

この大事な売上は、わかりやすい一方で、それだけを追っていると「どの商品を何個売ろうか？」「そのためにどんなお客様をターゲットにしようか？」と、商品を売ることが第一になり、お客様を育てる視点が薄くなりがちな指標でもあります。これは問題です。

「顧客数」を意識すると、「半年後、固定客をあと何人増やそうか？」、「□□ランクの○○さんをどのランクまで上がってもらおうか？」と自然と10年顧客を育てる視点で考えることができます。

10年顧客を育てるには、顧客数を強く意識することが大切です。顧客数がアップすれば、自然と売上もアップします。

顧客数は、半期、1年後、2年後、3年後で顧客ランク別に目標を設定し、それを毎月の目標にまで落とし込んでいくのが理想です。毎月どのランクのお客様が予定通り増えているのか確認して、その対策を振り返りミーティングで話し合います。それが顧客数の振り返りです。次のようなイメージで店長が振り返りを進めていきます。

「次は、数値の成果について振り返りを行ないます。今月の売上目標は△△円でした。実績は△△円でした。計画比で○%でした。顧客数の目標は10年顧客が○人、実績は○人。固定客の目標は○人、実績は○人。中くらいのお客様の目標は○人、実績は○人。新規顧客の目標は○人、実績は○人でした。

固定客の人数が目標に比べて遅れているので、来月から対策を考えたいと思っているの

ですが、中くらいのお客様を固定客に育成するにあたって、何か感じていること、具体的なアイデアなどありますか？　□□さんから順番に聞いていきますね」

③個客状況の共有「お客様一人ひとりに着目する」

振り返りミーティングの最後は、お客様一人ひとりについて情報を共有します。今月よく来てくれたお客様、最近来ていないお客様をリストアップして、チームで情報共有するといいでしょう。

情報共有というとちょっと固く感じますが、「お客様一人ひとりについてチーム皆でコミュニケーションをとること」です。次のようなイメージで進めていきます。

「今月たくさん来店してくれた上位10人は、Aさん、Bさん、Cさん、Dさん……でした。○○さん担当の□□さん、どうして最近、○○さんの来店が増えているのか、お話ししてもらっていいですか？」

お客様一人ひとりの状況を丁寧に把握するようにしたお店では、「スタッフ皆がお客様一人ひとりとお話が弾むようになって、以前よりお客様の滞在時間が増えています」とのことでした。

お客様として体験した異業種の事例を共有する時間も

振り返りミーティングの時間が余ったら、最近お客様として体験した異業種の事例を共有することをおすすめします。

1人のお客様として、異業種の売場を見たり、接客を受けたりする中で、「見やすい売場だなあ」「目をひくPOPだなあ」「この接客、気持ちがいい！」と思った体験を話してもらいます。もし、自店で活用できそうだったら、今後やってみたい活動としてリストアップして、実践に結びつけましょう。

お客様に10年通ってもらうには、**お客様の飽きが一番の敵**です。異業種の事例をベースにした新しい活動は、お客様に新鮮なイメージを与えることができます。

チームで進めると、仕事が楽しく感じる場面が増える

この章では、チームで「計画 - 実践 - 振り返り」を進めていく具体的な方法を紹介して

きました。正直、「面倒だなあ」と思った人も多いと思います。しかし、面倒でもチームで「計画－実践－振り返り」を進めるとこんな場面が生まれます。

- 計画段階……チームでざっくばらんに話しながら計画するので計画づくりが楽しくなる。皆で知恵を出し合うので質の高い計画ができる。
- 実践段階……スタッフが計画づくりに参加したので、活動する意味がわかって、よりがんばってくれる。決めた活動をやりきれる、心を込めて活動ができる。
- 振り返りの段階……店長・スタッフが意見交換しながら行なうので、振り返りの時間が充実する。うまくいった活動を発表できるので、自分が周りから認められる。

10年顧客を育て続けるのは、確かに大変なことです。チームで「計画－実践－振り返り」を進めて、皆の力でハードルを1つずつクリアしていきましょう！

CHECK！❻ チーム

- ☑「計画ー実践ー振り返り」をチームとしてお店の皆で進める。
- ☑ 成長時代のチームワークとこれからのチームワークは違う。
- ☑ 計画は店長一人で立てずに、チーム皆で立てる。
- ☑ よい事例を共有しながら、チーム皆で実践する。
- ☑ 活動の内容、数値の成果を丁寧に振り返る。

おわりに――なぜ、お店で働いているのですか？

世の中にはたくさんの仕事があります。営業パーソン、公務員、システムエンジニア、銀行員、雑誌の記者、料理人、タクシーの運転手、学校の先生等々。そんな中で、今、皆さんがお店の仕事をしているのは、お店の仕事が好き、自分に合っているなど、他の仕事と比べて魅力を感じているからでしょう。

なぜ、そう感じているのでしょうか？

それほど意識していないかもしれませんが、「自分の目の前でお客様が喜んでいる場面に出会えるから」ではないでしょうか？

例えば、アパレルショップでは「私、こんな洋服似合うと思ったことがなかった」、化粧品店ではお客様から「お肌キレイになったね、と友達から言われたわ！」、インテリアショップでは「この店と出会えて、以前より家にいる時間が心地よくなりました」、旅行代理店では「この前紹介してくれた○○温泉、本当によかった。ありがとう！」など、お客様が喜んでいる場面に出会えることがお店で働く魅力でしょう。

その場面は当然、お客様にとってもうれしい場面です。あるお客様が10年通ってくれているということは、うれしい場面がたくさんあったに違いありません。

10年顧客が増え続けるお店は、働いている皆さんの喜びと、お客様の喜びが何重にも重なり合っています。お店のために、お客様のために、そして自分自身のために10年顧客を一人でも多く育ててみてください。

この本がそんな未来を引き寄せるきっかけになればうれしいです。

最後に、今回の出版にご尽力いただいた、同文舘出版の戸井田歩さん、出版プロデューサーの小山睦男さん、現場視点を叩き込んでくれた高橋憲行先生、私にコンサルティングの場を与えてくれるクライアント様、現場で実践いただいているお店の皆さん、この場を借りてお礼申し上げます。ありがとうございました。

平成二七年三月

齋藤孝太

読者様への特別プレゼント

経営者が進める！
10年顧客経営、3つの実践ポイント

この本では10年顧客を育てる現場の具体的な活動についてお届けしましたが、活動がより現場に浸透するために、経営レベルでの顧客育成への取り組みもあわせて進めることが大事です。

そのためのヒントを掲載した「経営者が進める！ 10年顧客経営、3つの実践ポイント」を読者特別プレゼントとしてご用意しました。

以下のホームページから無料でダウンロードできます。

↓

株式会社 SIS ホームページ
http://www.sisys.jp

本書と合わせて、お楽しみください。

なお、特別プレゼントは予告なく終了することがありますので、ご興味のある方は、お早めにダウンロードしてください。

著者略歴

齋藤孝太（さいとう　こうた）

顧客育成専門コンサルタント
株式会社 SIS（ストラテジックインテリジェントシステム）代表取締役
2004 年の独立後、100 社以上の企業において「顧客ピラミッド構築の仕組み」をお店の現場に根づかせるコンサルティングを行なう。クライアントは化粧品店、アパレルショップ、ビューティーサロン、美容外科クリニック、バイクショップ、写真店、新聞販売店、携帯ショップ、インテリア販売、ガソリンスタンド、スポーツクラブ、ショッピングセンターなど多岐にわたる。コンサルティング先からは「私達の想いがよりお客様に届くようになって固定客が増えた」「リーマンショック後の売上減を乗り切れた」「お店の未来がはっきりと見えたことで、スタッフの意識が高まって業績が上がった」と大きな支持を得ている。
著書に『"見える化"して"仕組み化"する　優良顧客を育てる高品質サービス』『なぜ、CRM は、現場の心に根付かないのか？』（日刊工業新聞社）、『お客は自分が欲しいものをわかっていない。』（クロスメディア・パブリッシング）などがある。

■メールアドレス　saito@sisys.jp
■㈱ SIS ホームページ　http://www.sisys.jp

同じお客様に通い続けてもらう！
「10 年顧客」の育て方

平成 27 年 4 月 15 日　初版発行

著　者 ―― 齋藤孝太

発行者 ―― 中島治久

発行所 ―― 同文舘出版株式会社

東京都千代田区神田神保町 1-41　〒 101-0051
電話　営業 03（3294）1801　編集 03（3294）1802
振替 00100-8-42935
http://www.dobunkan.co.jp/

ISBN978-4-495-52971-0
印刷／製本：萩原印刷
Printed in Japan 2015